Les 5 Grands Rêves de Vie

La suite

Catalogage avant publication de Bibliothèque et Archives nationales du Québec et Bibliothèque et Archives Canada

Strelecky, John P.
 [Big five for life, continued. Français]
 Les 5 grands rêves de la vie, la suite : les moments passionnants
 Traduction de : The big five for life, continued.
 ISBN 978-2-89436-678-3
 1. Leadership. 2. Culture d'entreprise. 3. Vie - Philosophie. I. Titre. II. Titre : Big five for life, continued. Français. III. Titre : Cinq grands rêves de la vie, la suite.
 HD57.7.S7714 2015   658.4'092   C2015-940621-8

Nous reconnaissons l'aide financière du gouvernement du Canada par l'entremise du Fonds du livre du Canada (FLC) pour nos activités d'édition.

Nous remercions la Société de développement des entreprises culturelles du Québec (SODEC) pour son appui à notre programme de publication.

Gouvernement du Québec – Programme de crédit d'impôt pour l'édition de livres – Gestion SODEC.

© 2015 par John P. Strelecky. Publié originalement sous le titre *The Big Five for Life – Continued.*

Traduction : Alain Williamson
Infographie de la couverture : Marjorie Patry
Mise en pages : Josée Larrivée
Révision linguistique : Amélie Lapierre
Correction d'épreuves : Michèle Blais

Éditeur : Les Éditions Le Dauphin Blanc inc.
     Complexe Lebourgneuf, bureau 125
     825, boulevard Lebourgneuf
     Québec (Québec) G2J 0B9 CANADA
     Tél. : 418 845-4045   Téléc. : 418 845-1933
     Courriel : info@dauphinblanc.com
     Site web : www.dauphinblanc.com

ISBN version papier : 978-2-89436-678-3

Dépôt légal : 2ᵉ trimestre 2015
        Bibliothèque nationale du Québec
        Bibliothèque et Archives Canada
Données de catalogage disponibles auprès de Bibliothèque et Archives nationales du Québec.

© 2015 par Les Éditions Le Dauphin Blanc inc. pour la version française.
Tous droits réservés pour tous les territoires francophones.
Toute reproduction ou utilisation de la présente version est interdite sans l'accord écrit de la maison d'édition et du la traducteur.

Imprimé au Canada

Limites de responsabilité

L'auteur, le traducteur et la maison d'édition ne revendiquent ni ne garantissent l'exactitude, le caractère applicable et approprié ou l'exhaustivité du contenu de ce programme. Ils déclinent toute responsabilité, expresse ou implicite, quelle qu'elle soit.

John P. Strelecky

Les 5 Grands Rêves de Vie

La suite

DES MOMENTS PASSIONNANTS

Traduit de l'anglais
par Alain Williamson

Le Dauphin Blanc

Autres livres de l'auteur chez le même éditeur :

Mes moments ah-ah !, 2014
Le retour au Why Café, 2014
Riche et heureux, 2011
Les 5 grands rêves de vie, 2011
Le safari de la vie, 2010
Le Why Café, 2009

Aux éditions CARD (jeunesse) :

La maman papillon et le bébé œuf, 2012

Mot de l'auteur

Parfois, de merveilleuses choses surviennent. C'est ce qui est arrivé pour cet ouvrage.

Après la publication de mon livre, *Les 5 grands rêves de vie*, j'ai reçu de nombreux courriels de lecteurs. L'histoire racontée dans ce livre les avait touchés. Plusieurs de ces courriels venaient d'individus qui désiraient me remercier de leur avoir permis de repenser leur vie autrement.

Plusieurs autres venaient de *leaders*. Ils désiraient reproduire la culture d'entreprise présentée dans le livre et s'enquéraient de certains détails.

Tous ces courriels étaient très inspirants.

Un jour, j'ai reçu un message d'un homme très courtois, Jacques Guénette. Il mentionnait avoir beaucoup apprécié mon livre, tellement qu'après la lecture, lui et sa femme avaient pris le temps de définir leurs cinq grands rêves de vie. Il mentionna également qu'il dirigeait, depuis trente ans, une entreprise qui prônait les valeurs que je décrivais dans mon livre.

Son commentaire m'intrigua passablement. J'ai cherché à quel endroit était située cette entreprise. J'ai vu qu'elle était localisée en banlieue de Montréal, au Canada, à une vingtaine de minutes en automobile d'un évènement au cours duquel j'allais donner une causerie deux semaines plus tard.

Coïncidence ? Je ne crois pas.

Je suis entré en contact avec Jacques pour lui demander si nous allions pouvoir passer quelques minutes ensemble lors de mon passage dans la région de Montréal.

Ces « quelques minutes » ont duré deux heures et ont inspiré le présent ouvrage.

Dans les pages qui suivent, vous ferez la connaissance de Jacques et découvrirez son entreprise, DLGL. J'ai choisi d'en faire le sujet de la suite de mon livre, *Les 5 grands rêves de vie*. Je sais que cela peut porter à confusion. Quelles parties de l'histoire relèvent de la fiction et lesquelles sont réelles ? Permettez-moi de vous apporter quelques éclaircissements.

Ce que vous lirez à propos de Jacques et de DLGL – les honneurs, les politiques entrepreneuriales, l'historique, la vision du *leadership* et de la vie –, tout cela est vrai. Les moments heureux, comme les plus tristes. Ces derniers ont été intégrés dans la suite des *5 grands rêves de vie* car, vous le constaterez, ils s'y prêtent parfaitement.

La rédaction de cette suite, incluant l'histoire de Jacques et de DLGL, me permettait de plus d'aider les nombreux *leaders* qui m'avaient écrit pour obtenir plus d'informations sur la création d'une culture d'entreprise basée sur la philosophie des cinq grands rêves de vie. C'était aussi une merveilleuse façon d'aider les lecteurs à dépasser les limites qui les empêchaient de réaliser leurs cinq grands rêves de vie.

En outre, partager l'expérience de DLGL et participer à l'écriture d'un livre étaient sur la liste des cinq grands rêves de Jacques. Encore une fois, tout s'alignait parfaitement.

Comme je le mentionnais d'entrée de jeu, parfois, de merveilleuses choses arrivent de façon inattendue. On n'aurait pu les planifier mieux. Parfois, les coïncidences ne sont pas si accidentelles, comme vous le découvrirez dans les pages qui suivent.

Bonne lecture !

Votre compagnon de voyage, John

Chapitre 1

Joe se dirigea vers la gauche de la scène, puis s'immobilisa un instant. Il venait de partager avec l'auditoire une puissante histoire et il laissait le temps aux gens d'assimiler le message.

«C'est le moment de conclure», pensa-t-il.

Il fixa l'assistance.

— Je ne connais pas vos cinq grands rêves de vie personnels, mais je sais ceci: si vous faites un pas à la fois, si vous vivez un moment à la fois et que vous demeurez aligné sur la direction que votre cœur vous dicte, de merveilleuses choses se produiront. Je vous le promets.

» Merci beaucoup, mesdames et messieurs. Ce fut un honneur d'être parmi vous aujourd'hui.

Instantanément, les applaudissements retentirent. Puis, les gens se levèrent pour acclamer le conférencier. Joe salua la foule en posant la main droite sur son cœur en guise de reconnaissance et de remerciement pour l'ovation debout qu'on lui accordait.

Dans les coulisses de la scène, cachée derrière un rideau, une femme observait attentivement Joe. Elle pouvait le voir – ainsi qu'une partie de l'auditoire –, mais ni Joe ni les spectateurs n'auraient pu la remarquer. Elle examinait Joe en cherchant un signe, un indice qui lui aurait confirmé qu'il allait bien… ou non.

Joe avait donné une formidable performance. Il avait habilement mené son public dans un manège émotif. Les gens avaient ri et pleuré, mais ils avaient surtout été touchés droit au cœur par l'histoire inspirante que Joe avait gardée pour la fin. Par cette histoire, et en particulier par la façon dont Joe en avait fait la narration, les gens avaient ressenti leur propre grandeur, leur propre potentiel.

Si l'on se fiait à la réaction des spectateurs, tout était très bien, même plus que très bien. Cependant, la femme savait qu'elle ne devait pas se laisser berner par cette impression. Joe était un habile conférencier. Il avait donné cette conférence tellement de fois auparavant qu'il en connaissait les moindres mots par cœur.

Comme les applaudissements diminuaient, les organisateurs de l'évènement apportèrent des micros dans les allées, au milieu de la salle, afin de permettre aux spectateurs de poser des questions au conférencier.

La femme derrière le rideau surveilla un premier spectateur s'avancer au micro.

— Pourquoi y a-t-il cinq grands rêves de vie ? Pourquoi pas dix, ou cinquante, ou même cent ? demanda-t-il.

Joe sourit.

— Deux raisons. La première […].

Une fois qu'il eut terminé de répondre, une autre personne lui posa une question.

Chapitre 1

— Que faites-vous après avoir réalisé l'un de vos cinq grands rêves ? En ajoutez-vous un nouveau ou attendez-vous d'avoir réalisé les quatre autres ?

Joe sourit de nouveau. On lui avait posé tant de fois ces questions ! C'était l'un des aspects qu'il appréciait du concept des cinq grands rêves. Il était si simple à comprendre et à intégrer dans la vie personnelle de chacun qu'il soulevait peu de questions fondamentales.

— Ça dépend de chacun, répondit Joe. Pour certains, […].

Lorsque Joe eut complété sa réponse, l'animateur de l'évènement prit la parole :

— Nous avons le temps pour une dernière question.

Chapitre 2

Jusque-là, la femme qui observait Joe n'avait décelé aucune indication d'un quelconque malaise chez le conférencier. Elle jeta un regard vers un homme qui s'avançait au micro. La dernière question de la soirée serait la sienne.

« Comme la vie est étrange », pensa-t-elle.

À peine un an plus tôt, sa vie avait été complètement chamboulée. Les docteurs lui avaient alors annoncé que la personne qu'elle aimait plus que tout au monde allait mourir.

Ce souvenir l'attrista.

— Tu me manques, Thomas, dit-elle dans un murmure.

Si elle avait assisté à la conférence de Joe, cette journée-là, c'était en partie grâce à Thomas. Il avait été le mentor de Joe. Et son meilleur ami. Elle et Joe étaient également des amis. Ils avaient vécu, tous les trois, de très belles aventures. Il y avait, toutefois, un lien spécial unissant Thomas et Joe. Un mélange de meilleurs amis, de père et fils, de mentor et de protégé. Ce lien était l'équivalent amical de celui qui l'unissait à Thomas sur le plan amoureux.

La mort de Thomas fut durement encaissée par tous ceux qui le côtoyaient. Il n'avait que 52 ans lorsque la maladie le frappa sévèrement et de façon inattendue. Quelques mois seulement après le diagnostic, Thomas s'éteignait.

Joe avait assisté à ses derniers moments. Ce fut extrêmement difficile, tant pour lui que pour la femme de Thomas. Il y avait maintenant sept mois que Thomas était décédé. Jour après jour, c'était un peu plus facile d'apprivoiser son absence. Un peu…

Le souvenir d'un autre appel téléphonique revint à la femme. C'était celui de Kerry Dobsin. Kerry était la présidente de l'une des entreprises fondées par Thomas. Une sorte de division dans l'empire Derale Enterprises. Kerry et la femme de Thomas se connaissaient depuis très longtemps. Elles avaient développé une profonde amitié.

Kerry connaissait Joe, elle aussi. Leur amitié ne relevait pas de la même profondeur que celle entre les deux femmes, mais elle n'en était pas moins solide. Kerry éprouvait un grand respect pour Joe, non seulement pour ce qu'il était, mais pour ce qu'il avait apporté à Derale Enterprises. Et c'est ce respect qui l'avait motivée à téléphoner.

— Ce n'est rien de vraiment concret, dit-elle à la femme. Il est toujours aussi inspirant. Il est drôle, charmant et il rejoint facilement les gens, comme il sait si bien le faire.

— Mais ?

— Mais il y a quelque chose de différent chez lui…

L'attention de la femme se porta de nouveau sur l'homme qui était alors rendu au micro.

— Bonsoir, Joe. Merci pour cette présentation si inspirante…

Joe fit un signe de tête en guise de reconnaissance. L'homme continua.

— Ma question ne porte pas vraiment sur la présentation. Elle concerne Thomas Derale. Je me demandais qui allait le remplacer à la direction de Derale Enterprises.

À cet instant précis, la femme remarqua instantanément un éclair de souffrance apparaître sur le visage de Joe. Tout de suite, il cacha ce sentiment derrière un sourire. Mais, elle avait eu le temps de le déceler. La blessure intense était toujours présente.

Joe porta sa main à sa bouche et se « dérhuma ». C'était une tactique inconsciente pour gagner du temps. « Ou peut-être consciente », pensa la femme.

— Je vous remercie pour cette question, dit Joe en hésitant.

Pendant un instant, son visage devint blanchâtre.

— Derale Enterprises compte dans ses rangs de nombreuses personnes talentueuses et dévouées, dit-il au bout de quelques secondes. Je sais que cette organisation sera là encore très longtemps.

Joe regarda furtivement sa montre.

— Encore merci à vous tous pour votre présence. Ce fut une soirée remarquable.

Sa voix avait retrouvé son ton énergique habituel.

— Je vous souhaite le plus grand des succès dans la réalisation de vos propres cinq grands rêves de vie et dans l'assistance que vous apporterez aux autres pour l'atteinte de leurs grands rêves de vie.

Chapitre 2

Un tonnerre d'applaudissements résonna à ces mots. Une fois de plus, les gens se levèrent pour acclamer Joe. Le changement d'énergie temporaire que la dernière question avait apporté n'avait pas altéré l'atmosphère dans la salle ni terni la présentation de Joe.

Il était même peu probable que l'auditoire en ait été conscient.

La femme, elle, l'avait remarqué.

Chapitre 3

Joe salua la salle, puis se dirigea vers les coulisses tout en souriant. Mais, lorsqu'il se retourna vers la sortie de scène, son sourire s'effaça rapidement.

La femme approuva d'un signe de tête. Kerry avait vu juste.

Même si Joe semblait regarder droit devant lui, il faillit heurter la femme alors qu'il quittait la scène.

— C'était une superbe présentation, Joe, dit-elle lorsqu'il fut devant elle.

Joe s'arrêta et son esprit sembla revenir d'on ne sait où. Son regard se précisa.

— Maggie ! s'exclama-t-il chaleureusement en souriant. Quelle belle surprise ! ajouta-t-il en la serrant dans ses bras.

Elle l'étreignit à son tour.

— Il y a longtemps que je ne t'ai vue, Joe. Comment vas-tu ? demanda-t-elle après l'étreinte.

Pendant une brève seconde, le sourire de Joe s'effaça de nouveau. Elle le remarqua, même s'il s'empressa de retrouver son sourire.

— Bien, répondit-il. J'ai été plutôt occupé dernièrement, ajouta-t-il en haussant les épaules.

Il hésita, puis reprit :

— Je suis désolé de ne pas avoir été très présent au cours des derniers mois. J'ai juste…

Sa voix chavira.

— Je comprends, le rassura Maggie.

Et elle comprenait vraiment. Elle avant quinze ans de plus que Joe. Ces années lui avaient fait vivre des expériences qui lui permettaient de comprendre que les gens vivent les blessures ou les deuils de différentes façons.

Maggie avait trouvé réconfort auprès de ses amis. Sa vie sociale lui avait permis de se bâtir une sorte de fondation. Ses amis lui rappelaient que, même si Thomas n'était plus là, elle avait encore une vie à vivre. Joe avait choisi une voie opposée. Sur la scène, il était brillant. Au bureau, il s'avérait engagé et articulé. Au-delà de ces deux sphères, il avait choisi de s'isoler.

— Joe, j'ai une faveur à te demander.

Maggie avait choisi ses mots avec soin. Elle savait que Joe ne reconnaîtrait pas sa souffrance et qu'il ne demanderait pas d'aide. Mais il était généreux. Elle savait que si elle lui demandait assistance, il accepterait, et peut-être alors arriverait-elle à l'aider.

— Bien sûr, Maggie. Tout ce que tu veux. Que puis-je faire pour toi ?

— Eh bien, c'est en lien avec les profils d'entreprise que tu dresses à l'occasion. Tu sais, lorsque tu passes du temps au sein de compagnies dirigées par de grands *leaders* prônant de remarquables cultures organisationnelles et que tu rédiges ensuite un article à leur sujet?

Joe fit un signe d'approbation. Ce n'était pas un exercice auquel il se prêtait souvent, mais lorsqu'il entendait parler d'une entreprise hors de l'ordinaire, il y consacrait du temps pour mieux la connaître. Il récupérait ainsi des idées efficaces à intégrer dans différentes entités de Derale Enterprises. De plus, il y puisait d'intéressantes histoires à raconter lors de séminaires du *leadership* que Derale Enterprises organisait chaque été, réunissant ses fournisseurs, ses clients et ses partenaires.

— J'aimerais que tu dresses le profil de l'entreprise de l'un de mes amis, précisa Maggie. Il est dans la région de Montréal, au Canada. Il s'appelle Jacques Guénette et il dirige la compagnie DLGL.

Joe fit de nouveau un signe d'approbation.

— D'accord, je vais voir ce qu'il en est.

Il fit une pause, puis reprit:

— Y a-t-il une raison particulière pour dresser ce profil à ce moment-ci?

Maggie sourit.

— La première raison est que Jacques a décidé de prendre une semi-retraite. Je lui ai parlé au téléphone, hier soir, et il m'en a fait part. Il sera donc beaucoup moins disponible prochainement. Et ce qui n'est pas à négliger pour toi, c'est que nous sommes à la fin de juin, ce qui signifie que Montréal est possiblement sous un ciel suffisamment clément pour que tu acceptes de t'y rendre.

Joe sourit. Son intolérance au froid était légendaire dans son entourage.

Chapitre 3

— Et il fera sans doute tellement froid dans quelques mois que je ne voudrai plus m'y rendre, ajouta-t-il.

Maggie sourit à son tour.

— Exactement, dit-elle avec insistance.

— Bien, avec plaisir, dit Joe. Donne-moi ses coordonnées et j'entrerai en contact avec lui. Je suis déjà occupé au cours des prochaines semaines, mais je pourrai m'y rendre à la mi-juillet s'il est disponible.

— Excellent !

Maggie prit Joe dans ses bras. Elle lui donna un baiser sur la joue.

— C'est un homme formidable, ajouta-t-elle au moment de quitter Joe. Vous vous adorerez l'un l'autre !

Chapitre 4

Joe était seul dans son appartement. La télévision était allumée, mais il n'y prêtait aucune attention. Son téléphone sonna. Il jeta un coup d'œil à l'afficheur. C'était Sonia. Il appuya sur un bouton et laissa l'appel aboutir dans sa boîte vocale.

— Désolé, murmura-t-il, mais je ne suis pas en état de parler.

Il espérait que Sonia comprenne.

Joe et elle s'étaient rencontrés sur un vol de retour d'Europe, il y avait presque un an de cela. Joe venait alors tout juste d'apprendre que Thomas était mourant. Sonia et Joe avaient senti une certaine chimie entre eux sur bien des plans. Elle l'avait même accompagné lors d'un évènement organisé par Derale Enterprises. Cependant, depuis la mort de Thomas, Joe s'était volontairement éloigné de Sonia. La chimie entre eux ne semblait plus être la même.

À un autre moment, dans d'autres circonstances, peut-être qu'une relation plus profonde aurait pu se développer, mais pas dans la période que traversait Joe.

Le téléphone de Joe émit un signal sonore. Il jeta de nouveau un coup d'œil. C'était un message texte de Maggie.

Chapitre 4

> *Je viens tout juste de te transmettre les coordonnées de Jacques et l'adresse du site Internet de sa compagnie. Merci. Dépêche-toi d'aller le rencontrer. Sinon, tu devras apporter ton manteau d'hiver* ☺*.*

Joe se sentait mal par rapport à Maggie. Il savait qu'elle était blessée, que la mort de Thomas s'avérait une dure épreuve pour elle. Elle et Thomas avaient été mariés durant 31 ans et ils avaient connu une véritable histoire d'amour. Thomas avait aimé Maggie de tout son cœur, et c'était pareil pour elle.

Ils avaient vécu de très beaux moments ensemble, tous les trois. Parfois, Joe se retrouvait accompagné d'une amie. Lui et Maggie étaient de bons amis. Alors, pourquoi était-ce si difficile de la voir depuis que Thomas était décédé ? Joe n'en savait rien. Il se sentait coupable de ne pas être là pour Maggie.

Depuis la mort de Thomas, quelque chose en Joe avait changé. Il n'avait jamais vécu de si près la mort. Ses parents étaient toujours vivants. Il y avait bien ses grands-parents qui étaient décédés, mais Joe ne les avait pas très bien connus. Leur départ ne l'avait donc pas affecté.

Cette fois, c'était différent. Son meilleur ami était mort. Ça lui avait fait mal. Lorsqu'il pensait à Thomas, ou que quelqu'un le lui rappelait, Joe sombrait dans la noirceur et il déprimait. Il n'avait aucune idée de la façon de faire disparaître sa douleur et de se sortir de la mélancolie.

Il avait toujours été celui qui aidait les autres. C'était d'ailleurs l'une de ses forces. Mais, il n'arrivait pas à s'aider lui-même, surtout cette fois. Comment aurait-il pu alors aider Maggie ou quiconque ?

Joe ramassa son téléphone et cliqua sur le fichier envoyé par Maggie.

Jacques Guénette
DLGL – Logiciel de gestion de ressources humaines

« Pas tout à fait le genre d'entreprises pour lesquelles les gens débordent d'enthousiasme », pensa-t-il.

Cela dit, Joe avait beaucoup appris au cours de la décennie où il travailla dans la compagnie de Thomas. Il avait eu la chance de rencontrer d'étonnants *leaders* dans des domaines très variés. Ces *leaders* étaient différents les uns des autres et œuvraient au sein d'organisations tout aussi différentes les unes des autres. Il avait appris que, peu importe les domaines, le talent se démarque toujours. Si un domaine vous intéresse, vous pouvez y bâtir une entreprise, peu importe ce que c'est.

L'une de ses rencontres favorites avait été celle d'un boulanger des Pays-Bas, Klaes Hoekstra. Joe ne connaissait rien à la boulangerie et il ne savait pas à quoi s'attendre en rencontrant Klaes pour l'interviewer. Il a trouvé un homme enthousiaste aux yeux vibrant de vie et à l'esprit d'aventure.

Klaes vivait dans un village appelé « Badem », dans la partie nord des Pays-Bas. À peine neuf mille personnes vivaient dans ce patelin, mais, au cours d'une semaine normale, le tiers de ses habitants – hommes, femmes, enfants – passaient à la boulangerie. Klaes avait réussi à créer cet engouement pour ses services et ses produits.

Joe se retourna et chercha du regard un livre dans la bibliothèque derrière lui. Il sourit en pensant au titre du livre de Klaes, *Mondialement connu… à Badem*. Joe avait toujours rigolé en pensant à ce titre.

Chapitre 4

Il le repéra et le retira de la bibliothèque. Il l'ouvrit. Même le livre était imprégné d'une énergie particulière. On y retrouvait de nombreuses photos et une multitude d'anecdotes tirées des trente ans en affaires de Klaes.

Klaes maîtrisait l'art des relations. Vraiment. Lorsque vous étiez avec lui, il vous faisait sentir important et unique. Joe en avait été témoin. Il l'avait vu interagir avec des clients, des employés…

« Un bon gars, pensa Joe, et tout un *leader* ! »

Joe allait refermer le livre, mais il porta son attention à la première page.

Klaes y avait rédigé une note manuscrite.

> *Chaque personne est extraordinaire. Aider les gens à ne pas l'oublier, c'est ce que nous faisons tous les deux, toi, à ta façon ; moi, dans ma boulangerie.*
>
> *Klaes*

Joe referma le livre. La dernière fois qu'il avait parlé à Klaes remontait à plus d'un an, un an et demi sans doute. La femme de Klaes, qui avait 42 ans, venait alors de mourir d'un cancer. Klaes luttait pour s'en sortir, pour retrouver un sens à sa vie.

À cette époque, Joe ne comprenait pas vraiment ce que Klaes traversait. Depuis la mort de Thomas, il ressentait la souffrance de Klaes.

Chapitre 5

— Comment était-il ? demanda Kerry.

Maggie prit une gorgée de thé. Après avoir parlé à Joe, lors de sa conférence, elle avait planifié une conversation avec Kerry. Cette dernière avait besoin de savoir.

— Comme est Joe ! répondit-elle en souriant.

Kerry balança la tête.

— Je ne peux pas dire que j'arrive à comprendre à quel point ce doit être difficile pour toi, Maggie, dit-elle. Tu sais, nous aimions tous Thomas.

Elle secoua la tête avant de reprendre.

— La plupart d'entre nous ont travaillé à ses côtés durant tellement d'années et ont partagé tant de beaux moments et de rires… Maintenant, il est parti. Nous voudrions nous agripper à lui, mais il n'est plus là.

Maggie balançait tristement la tête.

— Je sais que ce que nous vivons n'est en rien comparable à ce que tu dois ressentir, reprit Kerry. Je sais aussi à quel point c'est difficile pour Joe. Ils étaient tellement de grands amis.

Chapitre 5

Maggie approuva de nouveau d'un signe de la tête.

— Mais, il faut continuer, et une décision sera prise bientôt, ajouta Kerry. Les membres du conseil d'administration veulent bien faire preuve de patience et donner le temps à chacun de se replacer, mais quelque chose arrivera forcément. Ce n'est pas que nous ne comprenions pas…

Maggie leva légèrement la main.

— Tu n'as pas à t'excuser, Kerry. Je possède ma propre entreprise. Je comprends que quelqu'un devra tôt ou tard prendre la relève de Thomas.

— Les gens veulent que ce soit Joe, ajouta Kerry. Je ne veux pas que tu croies que Joe ne sera pas considéré. Le rôle de Thomas était de faire le lien avec les gens de ses différentes compagnies et d'être un visionnaire pour créer de nouvelles entreprises et nous apporter de nouvelles idées…

Kerry hésita, puis poursuivit.

— Joe est le candidat parfait pour ce rôle. Non seulement sa pensée et sa vision sont similaires à celles de Thomas, mais il soutient la culture entrepreneuriale de ce dernier. Sa force, c'est tout ce qui fait qu'il est Joe ! Il est si unique !

Kerry détourna le regard.

— C'est juste que…

— Les gens s'inquiètent qu'il ne soit plus le même, dorénavant, intervint Maggie calmement.

Kerry acquiesça d'un signe de la tête.

— Veut-il même de ce poste ? demanda Maggie.

— Je ne sais pas. Chaque fois que je le lui rappelle, il dit toujours qu'il est trop tôt pour en parler. Il ajoute qu'il est au courant qu'une décision devra être prise, mais pas tout de suite.

Kerry haussa les épaules.

— Nos dernières conversations à ce sujet se sont toutes conclues de la même façon. Il me demande quelques semaines pour penser à son avenir ou pour terminer un projet qui le tient occupé. En fin de compte, il ne me donne pas de nouvelles.

» Et c'est là un aspect de nos préoccupations. Nous ne voulons pas lui offrir le poste si, mentalement, il n'est pas dans une bonne condition. Nous ne voulons pas, non plus, le lui offrir s'il ne le désire pas vraiment ou seulement pour le soulager d'un sentiment d'obligation envers nous ou envers…

Kerry hésita.

— … envers Thomas, compléta Maggie.

Kerry approuva.

— Jusqu'à quand toi et les membres du conseil d'administration êtes-vous prêts à attendre ? demanda Maggie.

— Nous avons le sentiment que si personne ne comble le vide laissé par le départ de Thomas d'ici soixante jours, les liens entre les organisations se détérioreront. Ça fait déjà sept mois que Thomas nous a quittés.

Kerry étendit la main et la déposa sur celle de Maggie.

Chapitre 5

— Je suis désolée, Maggie. Je ne veux pas t'importuner avec tout cela alors que tu as ton propre deuil à vivre, mais je ne sais vers qui d'autre me tourner. Tu connais Joe, nous le connaissons aussi. Par contre, tu le connais mieux que nous tous, tu le connais en dehors des sphères de Derale Enterprises. J'ai pensé que tu pouvais nous aider.

— C'est d'accord, répondit Maggie. Ça ne m'importune pas. Au fond, il s'agit d'aider un ami.

Elle regarda au loin un instant avant de reprendre.

— Donnez-moi un mois, dit-elle. Après avoir vu Joe à sa conférence, j'ai activé quelque chose. Laissons cette avenue se développer un peu plus et nous nous reparlerons ensuite.

Elle regarda Kerry.

— Pour être franche, si mon plan ne fonctionne pas, alors je ne pense pas que Joe soit la bonne personne pour le poste.

Kerry approuva.

— Espérons que ça fonctionnera, alors.

Chapitre 6

Jacques jeta un coup d'œil à l'horloge dans son bureau. Sa réunion ne débutait que dans une heure. Il avait le temps de répondre à quelques courriels.

Il se connecta à son compte de messagerie et vit le nom de Maggie Derale en faisant défiler les nouveaux messages.

— Je me demande à quel propos Maggie m'écrit, murmura-t-il.

Il ouvrit le message et le lut rapidement. Puis, il dodelina de la tête. Instinctivement, il porta son regard sur la grande image ornant l'un des murs de son bureau. C'était une photo de Claude Lalonde, l'homme qui avait cofondé DLGL avec Jacques trente ans auparavant.

Jacques répondit à Maggie.

Envoie-le-moi. Je ferai du mieux que je peux. Nos pensées, à Diane et à moi, t'accompagnent.
Jag

« Jag » était le nom qu'on lui donnait dans la compagnie. C'était un acronyme de Jacques Guénette. Avec le temps, c'était devenu plus qu'un sigle. C'était le nom par lequel les gens s'adressaient à lui.

Chapitre 6

Il aimait ce nom. Clair, simple, direct. Il correspondait bien à son approche globale de la vie.

Jacques poussa son fauteuil du bureau. Il y avait bien d'autres courriels à lire, mais sa pensée demeurait centrée sur celui de Maggie.

« Que la vie est étrange, pensa-t-il. Tu peux être au beau milieu de quelque chose, pleinement engagé, puis, en un instant, une simple pensée ou un mot peut te ramener dans le passé. »

Il jeta de nouveau un regard à la photo de Claude.

— Peut-être que nous pouvons aider ce jeune homme, Claude, dit-il. Et peut-être Maggie aussi.

Chapitre 7

Joe pénétra dans le stationnement de DLGL. Deux semaines s'étaient écoulées depuis la demande de Maggie d'interviewer Jacques Guénette.

« J'adore le GPS », pensa-t-il.

Il ne s'était jamais rendu dans ce secteur de Montréal auparavant. Il n'avait pas visité le Canada si souvent, et comme la province de Québec était majoritairement francophone, il appréhendait quelque peu le trajet.

Il se rendit à bon port plus facilement qu'il l'anticipait grâce au GPS. Et il était sur le point de rencontrer Jacques Guénette, le *leader* dont Maggie lui avait parlé.

Jacques avait fait preuve d'une grande courtoisie et de souplesse lorsque Joe l'avait joint par courriel pour lui proposer une rencontre. Joe n'ignorait pas que l'influence de Maggie avait sans doute facilité les choses. Il avait tout de même le sentiment que Jacques était, de nature, un homme ouvert et gentil.

Joe avait complété des recherches sur DLGL. Cette compagnie affichait une impressionnante feuille de route. Elle avait remporté plusieurs honneurs du type « Meilleur milieu de travail » et « Meilleur employeur ». Sur le plan provincial, elle s'est vu octroyer le prix du meilleur employeur au cours des treize dernières années, tandis qu'elle fut mentionnée l'une des cinq compagnies les mieux administrées au cours des quinze dernières années. Elle avait de plus remporté à plusieurs reprises le prix du « Meilleur milieu de travail au Canada », dont celui de cette année-là.

De telles récompenses ne s'obtiennent pas par hasard. Par expérience, Joe savait que de tels honneurs sont possibles grâce à un fort *leadership* au sommet et d'excellentes personnes à tous les niveaux.

Lors de ses recherches, Joe avait remarqué que la mission et la philosophie de l'entreprise étaient en évidence sur la page d'accueil de son site Internet.

Cela démontrait la clarté et la précision de la raison d'être de l'entreprise. C'était l'un des thèmes récurrents pour toutes les grandes entreprises que Joe avait visitées. Après tout, si vous ignorez qui vous êtes, ce que vous faites et comment vous l'accomplirez, quelles sont vos chances de réussir ?

Joe gara sa voiture. Il ramassa ses documents et son ordinateur protégé dans un étui de transport. L'un des documents était l'impression de la page d'accueil du site de DLGL. Il y jeta un dernier coup d'œil.

Notre mission

> *Nous nous spécialisons en conception, implantation et support complet de systèmes évolués de gestion des ressources humaines, de la main-d'œuvre, du personnel talentueux, des paies, des régimes de retraite, des portails d'employés et de gestionnaires. Nous utilisons les meilleurs outils normalisés par le marché et privilégions la qualité plutôt que le volume.*

Notre philosophie

Nous misons sur la qualité de la vie de tous nos collaborateurs :

- *employés ;*
- *clients ;*
- *actionnaires ;*
- *fournisseurs.*

Nous visons l'excellence des produits plutôt que le volume d'affaires.

Notre rentabilité est essentielle à la stabilité et à la qualité.

Notre structure financière robuste est un prérequis à une saine perspective d'affaires.

Logiciel seulement.

Notre spécialisation est exclusive quant au logiciel de paie et de gestion des ressources humaines.

Notre approche présume la compétence et l'intégrité du personnel et des fournisseurs. Nous utilisons les meilleurs outils normalisés par le marché.

Nous nous focalisons sur les grandes sociétés clientes.

Notre objectif est la qualité totale.

Notre credo

« Les intérêts de DLGL sont mieux servis lorsque DLGL sert ceux de ses clients. »

Chapitre 7

Joe avait appris, au fil des années, que les mots que les gens utilisent en disent long sur eux. Il était habile à décoder rapidement les habitudes et les schémas derrière les paroles ou les écrits. Les mots utilisés étaient, pour lui, le reflet des croyances des gens. Croyances à leur sujet ou au sujet du monde et de la vie. Ces croyances influençaient le comportement et les décisions des gens.

Lorsqu'il avait lu pour la première fois les documents de présentation de DLGL, trois points avaient attiré l'attention de Joe. Il les avait d'ailleurs encerclés sur la photocopie. *Qualité* et *meilleur* étaient des mots souvent utilisés. Ça dénotait clairement les objectifs de Jacques et de DLGL. Et ce n'était pas seulement en lien avec les produits offerts à la clientèle. C'était en lien avec la vie.

L'attention portée aux clients revenait aussi fréquemment. La compagnie avait été bâtie selon un modèle orienté sur la satisfaction de la clientèle. Le credo en faisait foi.

La dernière chose que Joe remarqua fut la façon articulée et claire par laquelle les messages étaient véhiculés. Les membres de l'équipe de DLGL savaient qui ils étaient et, tout aussi important, ce qu'ils n'étaient pas. Et ils l'affirmaient avec assurance. Cela sous-entendait qu'ils se sentaient certains de l'atteinte des objectifs.

Joe déposa les documents dans son sac et sortit du véhicule en souriant.

— Ça devrait être intéressant.

Chapitre 8

En pénétrant dans l'édifice, Joe nota à quel point les mots retenus sur le site Internet de la compagnie reflétaient bien l'ambiance à l'intérieur des bureaux. Joe avait interviewé des *leaders* dans une multitude de lieux différents, de deux gars dans un garage à des dirigeants dans de somptueux bureaux en haut de gratte-ciel.

Chaque endroit dégageait une énergie, une impression. DLGL ne faisait pas exception. L'ambiance était professionnelle et confortable à la fois. Les lieux avaient de la classe, mais n'affichaient pas un luxe démesuré. Il y avait des boiseries partout. Du vrai bois! Et de l'espace. C'était aussi spacieux et dégagé que le hall d'entrée d'un hôtel de grande classe.

Joe jeta un coup d'œil à la pelouse à l'extérieur et remarqua à quel point elle était entretenue avec soin. Il vit aussi l'allée piétonnière en pavés. Il avait d'ailleurs ressenti une certaine énergie à l'extérieur avant de pénétrer dans l'édifice. Une sorte de parfait mélange d'ordre et de beauté. Même dans les détails comme la pelouse et l'allée piétonnière.

Joe reporta son regard à l'intérieur et fut immédiatement attiré par des photos sur un mur. Elles avaient été prises lors d'évènements annuels où tous les membres de la compagnie étaient réunis pour une occasion particulière.

Chapitre 8

Sur l'une des images, les gens étaient rassemblés sur un grand bateau. Sur une autre, ils étaient en tenue de soirée dans une salle de bal. Sur chaque photo, l'année était inscrite au bas.

Ce qui frappa Joe immédiatement, c'est le sourire franc affiché par chaque personne sur les photos. Il est intéressant de voir à quel point on peut faire la différence entre ce qui est sincère et ce qui ne l'est pas. Le vrai bonheur ne peut être simulé. Et sur les photos, on voyait que les gens étaient réellement heureux.

Joe traversa une seconde porte et se dirigea vers le bureau de la réception. Immédiatement, il remarqua une inscription sur le bureau : « Directrice des premières impressions ».

« Quelle coïncidence, pensa Joe. » Ce titre était également utilisé chez Derale Enterprises.

La femme derrière le bureau lui sourit.

— Bonjour ! Bienvenue chez DLGL. Comment puis-je vous aider ?

« Une très bonne première impression », pensa Joe.

Il sourit à son tour.

— Bonjour ! Je viens rencontrer Jacques Guénette.

La femme lui sourit à nouveau.

— Monsieur Pogrete, n'est-ce pas ?

Joe acquiesça.

Elle désigna de la main des chaises un peu plus loin.

— Je vous en prie, assoyez-vous. Je vais prévenir Jacques que vous êtes arrivé. Est-ce que je peux vous offrir quelque chose à boire ?

Joe refusa d'un signe de tête.

— Ça va, merci.

La femme fit un appel. Joe examinait les lieux. La lumière naturelle du jour emplissait l'endroit. Il avait remarqué l'abondante fenestration lorsqu'il était arrivé devant le bâtiment. Une fois à l'intérieur, il comprit que ce n'était pas seulement une question d'esthétisme. Toutes ces fenêtres avaient une fonction précise. Elle permettait à la lumière naturelle de pénétrer dans l'édifice.

— Joe ! Bienvenue chez DLGL !

Joe se retourna en direction de la voix. Un homme de grande stature – environ 1,83 mètre – s'avançait vers lui. Il portait un chandail bleu foncé, de type polo, arborant le logo du produit vedette de DLGL. L'homme semblait être dans la mi-cinquantaine. Il avait les cheveux gris et les yeux bleu clair. Son regard était intense et amical à la fois.

Joe lui sourit.

— Jacques ?

L'homme lui sourit en retour.

— Oui, monsieur.

Il tendit la main à Joe qui la lui serra de bon cœur.

— Heureux que vous ayez pu venir, Joe. Comment fut le voyage ?

— Bien, merci. Ce fut agréable.

Chapitre 8

Jacques désigna une direction vers sa gauche.

— Allez, passons à mon bureau.

Joe le suivit jusque dans un grand bureau aux nombreuses fenêtres.

— Puis-je vous servir quelque chose à boire, Joe ?

— Ça va, merci, refusa poliment Joe.

— Assoyez-vous, je vous en prie.

Les deux hommes s'assirent l'un en face de l'autre.

— Encore merci de prendre le temps de me recevoir, dit Joe. Comme je vous le mentionnais dans mon courriel, c'est Maggie Derale qui m'a parlé de vous et de votre compagnie.

— Je lui ai parlé pas plus tard qu'hier soir, confia Jacques. Elle m'a dit que vous étiez un homme remarquable et un sacré voyageur !

Joe sourit. Jacques avait une voix tonitruante qui aurait facilement pu être intimidante. Toutefois, combinée avec sa personnalité, elle avait l'effet inverse. Elle était plutôt réconfortante.

— Elle m'a aussi mentionné qu'aider les gens était une passion pour vous, ajouta Jacques.

— Disons que je fais de mon mieux, répondit Joe.

— Comment avez-vous connu Maggie ? s'enquit Jacques.

Joe eut un moment de silence, puis répondit.

— Son mari, Thomas, était mon mentor et mon meilleur ami. C'est par lui que j'ai connu Maggie. J'aime bien les voyages, l'aventure, alors, au fil des ans, je les ai emmenés dans quelques-uns de mes endroits d'aventure préférés, comme l'Afrique, l'Australie, la Thaïlande…

Jacques savait déjà tout cela. Maggie lui en avait parlé lors de son premier entretien téléphonique. Mais Jacques voulait l'entendre de la bouche même de Joe. Il cherchait des indices.

— Et vous ? demanda Joe. Comment avez-vous connu Maggie ?

— Grâce à ma femme, Diane, répondit Jacques. Elles s'étaient rencontrées à l'école et elles ont toujours entretenu leur lien d'amitié. Tous les deux ou trois ans, elles aiment bien faire un voyage de filles ensemble. J'ai connu Maggie lors de l'une de ses visites chez nous.

Joe fit un signe de tête en guise de compréhension. Jacques reprit la parole.

— Et comment envisagez-vous notre collaboration ? En quoi puis-je vous être utile ?

— Eh bien, sans vouloir vous imposer quoi que ce soit, j'aimerais vous connaître mieux et en apprendre plus sur votre compagnie, DLGL. Le projet sur lequel je travaille consiste en une série d'entrevues et de profils de grands *leaders* œuvrant dans différents types d'organisations. J'y travaille depuis quelques années déjà. Lorsque je complète un reportage sur un *leader* et son organisation, je le partage avec nos propres dirigeants et partenaires.

» J'ai compris que même les plus grands *leaders* sont en apprentissage toute leur vie. Ils continuent sans cesse d'apprendre de nouvelles choses. Mon but est de leur apporter, à partir de chaque entrevue que je réalise, de cinq à dix nouveaux concepts ou méthodes, quelque chose dont ils peuvent prendre connaissance et qu'ils peuvent ensuite s'approprier afin de l'appliquer dans leur propre organisation.

Chapitre 8

» Nous ne demandons rien en retour, c'est simplement une façon d'aider nos propres *leaders* et partenaires à s'améliorer.

Jacques approuva d'un signe de la tête.

— Et comment puis-je vous aider à mieux nous connaître ? Comment vous y prenez-vous habituellement ?

Joe sourit.

— Chaque entrevue se déroule différemment. Parfois, je m'assois simplement avec un *leader* pour une heure ou deux et nous parlons. C'est tout. Je repars avec les informations et je rédige le reportage final.

Jacques sourit à son tour.

— D'après votre sourire, il semble que d'autres reportages se déroulent de façon très différente…

Joe fit signe que oui.

— Disons que la conversation d'une heure ou deux se situe à une extrémité du spectre des possibilités…

— Et à l'autre extrémité ?

Joe sourit de nouveau.

— Il y a deux ans, j'ai travaillé durant trois semaines dans une boulangerie. J'ai suivi pas à pas le propriétaire afin de mieux saisir son histoire.

Jacques sembla enthousiaste.

— Vraiment ?

— Vraiment !

— Et ça en valait la peine ?

— Ce fut trois semaines de pur plaisir. Même le lever, à quatre heures trente, n'a pu porter ombrage au bonheur que j'y ai vécu.

Joe s'avança sur le bout de sa chaise.

— Jacques, j'ai aimé tout ce que j'ai lu sur le site Internet de votre compagnie. De toute évidence, vous avez créé un lieu de travail spécial. Vous semblez avoir remporté presque tous les honneurs décernés aux meilleurs milieux de travail. De plus, Maggie s'extasie sur votre œuvre. Si une heure de conversation est tout ce que vous pouvez m'accorder, allons-y pour cette option, mais mon instinct me dit que l'on est plus en présence d'un scénario de "boulangerie".

» Je vous répète que je ne tiens surtout pas à vous importuner, mais si je pouvais vous suivre pendant un temps dans vos activités quotidiennes, m'immerger dans la culture de DLGL, j'ai la conviction de pouvoir en retirer un reportage qui transformerait la vie de plusieurs *leaders*.

Jacques se cala dans sa chaise en dodelinant de la tête.

— Alors, c'est ce que nous ferons, lança-t-il après une pause.

Chapitre 9

Jacques se leva.

— Vous savez quoi, Joe ? Nous avons encore quelques heures devant nous avant la fin de la journée. Profitons-en pour faire le tour de l'entreprise. Vous vous familiariserez avec la compagnie. Après cela, vous pourrez revenir et passer autant de jours qu'il vous plaira avec nous.

» Mon agenda sera plutôt chargé pour les deux prochaines semaines. En plus des tâches quotidiennes, j'ai une entrevue prévue avec un magazine d'affaires de Montréal, *Excellence*. Nous venons tout juste d'être nommés "Meilleur milieu de travail au Canada". *Excellence* veut en apprendre plus sur nous.

» Puis, dans une semaine, je donne une conférence sur la façon de recruter le meilleur talent possible pour les entreprises. Je vous invite à m'accompagner à certaines ou à toutes mes activités.

Joe se leva à son tour.

— Probablement à toutes !

Jacques sourit en approuvant d'un signe de tête.

— Alors, il en sera ainsi !

— Depuis combien de temps occupez-vous cet édifice ? demanda Joe tandis que Jacques et lui quittaient le bureau.

— Nous avons construit cet édifice presque vingt ans auparavant. Au début, il ne comportait que cette section. Avec la croissance de la compagnie, nous avons ajouté des sections à l'arrière.

— En avez-vous fait le *design* vous-même ? La conception me semble excellente !

Jacques rit tout en approuvant.

— Oui, les architectes m'ont bien "aimé". Dès le début, je leur ai dit que je voulais le maximum de fenestration pour chaque personne. À la seconde réunion, ils sont revenus avec un concept qui ne comportait presque pas de fenêtres.

» Selon eux, les coûts auraient été trop élevés pour réaliser ce que je demandais. Je leur ai de nouveau expliqué que je voulais le plus de fenêtres possible pour chaque personne.

Jacques se tourna vers Joe.

— Après leur troisième tentative de me faire accepter un concept dont je ne voulais pas, et toujours en justifiant leur conception par l'argent qu'ils me faisaient économiser, je les ai avisés que j'allais tous les congédier s'ils ne faisaient pas ce que je leur demandais.

Joe éclata de rire.

— Ont-ils compris, cette fois ?

— Ouais, par la suite, ils ont mis le plus de fenêtres possible dans leur conception.

Chapitre 9

— Ça crée une ambiance formidable. Je l'ai remarquée dès que je suis entré dans l'édifice. Toute cette lumière naturelle…

Jacques approuva.

— C'est là que nos gens passent la majeure partie de leur temps actif. On ne veut pas les voir travailler sous un éclairage aux néons qui « clignent » un million de fois à la minute et donnent des maux de tête. On ne veut pas qu'ils ne voient que des murs toute la journée. C'est inhumain. Sans parler que c'est une piètre façon d'optimaliser l'efficacité journalière. Pouvez-vous imaginer cela ? Des gens assis entre des murs et aux prises avec des maux de tête ? Leur énergie serait tellement faible. Comment pouvez-vous vous attendre à ce qu'ils servent adéquatement les clients si vous les placez dans ce genre d'atmosphère ?

— Avez-vous participé aussi à l'aménagement intérieur ? demanda Joe.

Jacques acquiesça de nouveau.

— La même logique a cours. Nous voulions créer un endroit unique, professionnel, confortable… J'ai eu la même discussion avec les architectes pour les planchers que celle que j'avais eue avec eux pour les fenêtres. Je leur ai dit que je voulais du bois pour le recouvrement. Ils m'ont dit que ce serait trop dispendieux. Je leur ai répété que je voulais du bois. Ils m'ont dit que le bois s'abîmerait trop rapidement. Alors, à la troisième réunion, je leur ai encore dit que je voulais du bois et que s'ils me revenaient une autre fois avec autre chose que ce que je voulais, j'allais les congédier.

Joe commençait à cerner la personnalité de Jacques. Il était direct, aucun doute sur ce point, mais il y avait une intention derrière cette attitude. Il voulait créer un endroit unique pour les gens qui l'entouraient. Il était aussi réfléchi. Lorsqu'il prenait une décision, ce n'était pas par hasard. Il y avait pensé longuement et sous différents angles.

Il était drôle également. Malgré le peu de temps passé ensemble, Joe avait déjà remarqué que Jacques avait une façon naturelle de faire ressentir l'ironie des situations qu'il relatait. Il provoquait le rire.

Chapitre 10

— Que savez-vous exactement de notre secteur d'activité ? demanda Jacques tout en marchant.

— Peu de choses, à vrai dire. Ce n'est pas un domaine relié à mon expertise. En parcourant votre site Internet et des documents trouvés en ligne, j'ai appris que vous fournissiez, à de grandes compagnies, des logiciels (pour la gestion des ressources humaines, de la paie, du régime de retraite, pour la planification, etc.) et le soutien technique de leur utilisation.

— C'est exact, approuva Jacques. Nous nous spécialisons dans les logiciels de gestion de ressources humaines et nous desservons des clients d'envergure. À la base, c'est ce que nous faisons, mais ce qui est plus intéressant encore, c'est lorsque l'on va un peu plus en profondeur et que l'on commence à comprendre ce que ça signifie réellement et pourquoi c'est important.

Jacques et Joe tournèrent le coin. Ils se trouvèrent devant une rangée d'horloges. Jacques en désigna une du doigt.

— C'est l'heure de l'Est. Chaque jour, à Toronto, huit mille infirmières sont appelées à aider des patients dans tous les hôpitaux universitaires. Depuis les dix-sept dernières années, ce sont nos systèmes qui fournissent les programmes et qui s'assurent ainsi que chaque infirmière connaît son horaire et son lieu de travail.

» Dans ces mêmes hôpitaux, tout le monde aime bien recevoir une paie. Pour cela, un système doit être en mesure d'enregistrer le nombre d'heures de travail accompli pour chaque personne, combien elle gagne par semaine, si elle a pris des vacances, si elle a accumulé des heures supplémentaires, quel est son taux horaire pour les heures supplémentaires… Nous nous occupons de tout cela.

» Toutes ces fonctions, et une trentaine d'autres, sont en activité chaque jour de chaque année pour ce client. Et parfaitement !

Jacques fit une légère pause.

— Si elles ne fonctionnaient pas parfaitement, la vie des patients serait en danger. Vous ne pouvez pas vous permettre que des gens se pointent à leur travail au mauvais endroit ou au mauvais moment, surtout lorsqu'il s'agit d'infirmières dans des hôpitaux. Voilà toute l'importance que revêt ce travail.

— Tout cela est assuré par votre système ? demanda Joe.

Jacques approuva.

— Exact, c'est ce que l'on appelle le service « VIP ».

Jacques se déplaça vers une autre horloge.

— Cette horloge indique l'heure d'un autre fuseau horaire. L'un de nos clients exploite une mine au Manitoba. Nous lui fournissons des informations en temps réel pour que ces gens, à quatre mille pieds sous terre, puissent prendre les meilleures décisions concernant qui fait quoi, où et quand, à mesure que les opérations s'effectuent.

» Et là, dit-il en indiquant une troisième horloge qui affichait l'heure d'un autre fuseau horaire, nous fournissons des services à une communauté urbaine de plus d'un million de citoyens, dont les horaires de pompiers, les régimes de retraite d'employés, la gestion de *bénéfices* de chacun…

Jacques se tourna vers Joe et ajouta :

— Nous fournissons à nos clients tous les outils dont ils ont besoin pour la gestion complète de la relation entre l'organisation et ses employés. Ça inclut le recrutement, la sélection et l'intégration des candidats, la paie, les avantages sociaux, les horaires de travail, la formation, le suivi des compétences, la planification de la succession, les régimes de retraite et le règlement des bénéfices aux familles d'employés décédés. Pour une seule personne, toute cette séquence peut couvrir jusqu'à soixante-dix ans de sa vie !

Joe approuva.

Jacques reprit :

— Notre raison d'être est d'aider nos clients à réaliser avec succès leur raison d'être. Ça nous rend très fiers.

Chapitre 11

Les deux hommes pénétrèrent dans une section du bâtiment dans laquelle se trouvaient des bureaux et une aire commune. La lumière du jour illuminait cet espace.

Joe s'avança au milieu de l'aire.

— Il y a une telle atmosphère ici.

Jacques sourit.

— Créez un lieu que les gens apprécient et dont ils sont fiers et vous constaterez les résultats dans la façon dont ils se comportent chaque jour. Et ça influencera aussi le nombre d'années qu'ils resteront au sein de la compagnie. Notre secteur d'activité affiche un taux de rotation du personnel annuel de 20 %. Le nôtre est de 0 % !

Joe était étonné. Malgré les coûts énormes reliés à la perte de bons employés, la plupart des entreprises doivent renouveler une portion importante de leur main-d'œuvre chaque année. Un pourcentage de rotation du personnel à 0 % était pratiquement du jamais vu, même dans les grandes compagnies.

Tout en marchant, Joe nota que Jacques était salué par toutes les personnes que les deux hommes croisaient. Et Jacques les saluait à son tour. Ce n'était pas un simple « bonjour » ni une salutation forcée. Il y avait une camaraderie notable, même dans les brèves interactions.

Chapitre 11

Plus tôt, dans sa carrière, Joe avait travaillé au sein de certaines organisations où les *leaders* avaient instauré une culture de contrôle et de hiérarchie basée sur la peur. Le résultat était que les gens craignaient de parler aux dirigeants. Même les gens de stature imposante changeaient d'attitude lorsqu'un *leader* était dans les parages. Ils se faisaient plus petits.

Chez DLGL, c'était tout à fait l'inverse. Les gens blaguaient et riaient avec Jacques.

Joe interrogea Jacques à ce sujet.

— C'est vraiment facile de considérer les gens comme des gens au lieu d'essayer de leur montrer constamment à quel point vous êtes important, répondit-il. À vrai dire, lorsque vous traitez bien les gens, ils se montrent gentils à leur tour.

Les deux hommes passèrent devant une série de salles de conférence. Joe observa que chacune d'elles portait un nom inscrit sur une plaquette à l'entrée.

— Est-ce que ce sont les noms de vos clients ? demanda-t-il.

Jacques rigola.

— Oui, et ils adorent ça. Ils me taquinent en me disant qu'ils ont payé pour cette salle.

Les deux hommes empruntèrent un large couloir reliant deux aires du bâtiment. Tout était joliment aménagé. De larges fenêtres, du sol au plafond, permettaient à la lumière extérieure de se refléter sur le bois du plancher. Dehors, on voyait une cour intérieure gazonnée, puis la forêt derrière.

Jacques s'immobilisa et pointa vers l'extérieur.

— Si une petite promenade dans les bois vous tente durant votre séjour ici, n'hésitez pas. Il y a des sentiers dans cette forêt. Les gens s'y promènent souvent après le dîner ou lors d'une pause. Il y a également une douzaine de bicyclettes de montagne au sous-sol. Si le vélo vous semble plus attrayant que la marche, profitez-en.

Joe signifia de la tête qu'il appréciait la suggestion.

— Ou si la température est moins clémente, poursuivit Jacques, il y a aussi un centre de *pratique* de golf en bas. Les bâtons, les balles et tout ce dont vous pourriez avoir besoin s'y trouvent.

Ils reprirent leur marche.

— Qu'est-ce que c'est ? demanda Joe alors qu'ils avaient atteint le milieu du couloir.

Un arbre vivant y trônait dans un immense pot. Il mesurait environ deux mètres et demi de haut. À ses branches pendaient des douzaines de notes.

Jacques sourit.

— Cet arbre est précieux. Il représente bien la relation que nous voulons entretenir avec nos clients… Une sorte d'« invégétation » à le faire !

Joe s'amusa de son jeu de mots, puis Jacques reprit :

— Notre modèle d'affaires est basé sur l'intimité avec la clientèle, ce qui signifie que nous devons clairement comprendre les besoins de nos clients. L'une de nos façons de procéder est d'inviter une équipe d'un client à venir à nos bureaux pour tester l'intégration finale du logiciel que nous sommes sur le point de lui livrer.

» Selon la complexité du projet, l'équipe peut rester ici des jours ou des mois afin de s'assurer de la performance du logiciel et d'y apporter des changements nécessaires, dit-il en haussant les épaules.

» Cet arbre nous a été offert par l'équipe de Loto-Québec. Son projet était très complexe, car cette entreprise est active dans plusieurs domaines, loterie, hôtellerie, restauration, et ses sites et ses liens sont nombreux. Elle vise donc une haute sécurité.

» L'équipe est restée avec nous environ deux mois. Ses membres ont vécu avec nous, ont participé aux essais du logiciel avec nous, fait du vélo avec nous… À leur départ, ils nous ont offert cet arbre. Aux branches, ils avaient accroché des messages écrits à la main : des remerciements, des au revoir, des souvenirs…

Jacques regarda Joe.

— Chaque fois que je passe devant cet arbre, je souris. Les gens de Loto-Québec et les nôtres ont établi des liens de façon incroyable. Ensemble, ils étaient devenus une seule équipe dédiée à un but commun. En fin de compte, ils ont créé un produit exceptionnel. Et c'est ce qui compte vraiment.

Il balança la tête.

— En moyenne, nos clients nous font confiance depuis treize ans. Certains sont avec nous depuis vingt ans. L'histoire derrière cet arbre illustre bien pourquoi nos clients nous sont fidèles. Il est aussi un puissant rappel au quotidien pour nous tous de conserver ce même esprit dans toutes nos activités.

Chapitre 12

Jacques et Joe pénètrent dans un hall près d'une cage d'escalier. Même cette cage d'escalier avait du style et reflétait le professionnalisme.

— Voici notre souche, dit Jacques en pointant un énorme morceau de bois sur roulettes.

» Nous avons une coutume. Chaque fois que quelqu'un atteint son dixième anniversaire au sein de la compagnie, on lui offre la chance de prononcer un discours de dix minutes et de gagner cinq cents dollars pour chaque minute du discours.

Joe sourit, étonné.

— Que voulez-vous dire ?

Jacques sourit à son tour.

— Au départ, nous voulions simplement récompenser nos gens. À leur dixième anniversaire, ils sont donc admissibles à une prime de cinq mille dollars. Pour l'obtenir, ils doivent faire un discours de dix minutes.

» Nous avions l'habitude de tenir ces évènements à l'extérieur. La personne qui célébrait son dixième anniversaire se tenait debout sur cette énorme souche. Mais, avec la croissance de la compagnie

Chapitre 12

et l'agrandissement de la bâtisse, nous avions besoin du terrain où se trouvait la souche. Alors, nous l'avons déterrée et nous l'avons enduite d'époxy pour la conserver le plus longtemps possible.

» Et nous y avons ajouté des roulettes afin de pouvoir la déplacer facilement, ajouta-t-il en souriant.

» Depuis, lorsque l'un de nous célèbre ses dix années de services dans la compagnie, nous tenons un bel évènement ici et il peut monter sur la souche et faire son discours.

» Ces discours sur la souche sont très émotifs et amusants. Ils viennent du cœur, ils évoquent des souvenirs et ils provoquent des rires. Chaque fois, nous avons l'impression que le prochain ne pourra être meilleur que le précédent. Pourtant, nous sommes toujours agréablement surpris.

Au mur, derrière la souche, de grandes bannières étaient accrochées. Elles devaient mesurer deux mètres et demi sur un mètre. L'une des bannières représentait dix ans de service, une autre, quinze ans, et la dernière, vingt ans. Le nom et la photo des gens ayant atteint ces plateaux au sein de DLGL figuraient sur la bannière correspondante.

Joe prit le temps de regarder les bannières. De toute évidence, cette organisation misait sur le long terme et honorait la tradition.

Jacques se dirigea vers l'escalier.

— Montons à l'étage supérieur, proposa-t-il.

Ils montèrent à l'étage. En ouvrant la porte, Jacques dévoila un imposant centre de mise en forme. Il devait bien couvrir mille huit cents mètres carrés. On y retrouvait des haltères, divers équipements d'entraînement, des tapis roulants, un espace pour le yoga et l'aérobie… Le centre était à la fine pointe de l'entraînement.

Et, au lieu d'être ceinturé par des murs de brique ou de mortier, le centre profitait lui aussi de la lumière du jour grâce à de larges fenêtres.

— Tout cela fait partie de DLGL ? demanda Joe, estomaqué.

Jacques le confirma.

— Bienvenue au Vipnase ! En plus de l'équipement que vous voyez, nous avons une entraîneuse personnelle à temps plein. Elle a bâti un programme d'entraînement personnalisé pour chaque employé de DLGL.

D'un signe de la tête, il désigna une jeune femme.

— C'est notre entraîneuse. Je vais vous la présenter.

— Raquel, j'aimerais te présenter quelqu'un. Voici Joe, dit Jacques après que les deux hommes eurent avancé vers la jeune femme.

Raquel sourit et tendit la main.

— Bonjour, Joe.

Joe lui serra la main.

— Joe sera des nôtres quelque temps, expliqua Jacques. Il travaille sur un reportage à propos de DLGL.

— Quel est le pourcentage des gens qui profitent du centre et qui font appel à vos services ? demanda Joe à Raquel.

— Au cours d'une année, je travaille avec 100 % des gens. Sur une base journalière, 44 % des gens viennent au centre. Je donne des cours de yoga chaque jour sur l'heure du *lunch* et d'autres à différents

Chapitre 12

moments de la journée. Je supervise aussi plusieurs sessions d'entraînement personnalisées.

Joe scruta le centre. C'était le milieu de l'après-midi. Pourtant, quelques personnes s'entraînaient aux haltères.

— Les gens peuvent-ils s'entraîner à toute heure du jour? demanda-t-il.

— Oui, ou à toute heure de la soirée ou de la nuit. Chaque personne a un mot de passe pour entrer dans l'édifice. Elle peut venir ici jour et nuit et profiter des installations quand bon lui semble. Et ça ne vaut pas juste pour le centre d'entraînement. Tout l'édifice est à la disposition des gens.

— Est-ce que parfois l'achalandage est tel que vous n'arrivez pas à superviser chaque personne? demanda Joe à Raquel.

— Non, dit-elle en secouant la tête. Comme les gens peuvent venir au centre au moment où ils le souhaitent, il est facile de planifier les séances personnalisées avec chacun. Ce serait un problème si nous limitions les heures d'accès au centre, par exemple seulement après dix-sept heures. Franchement, si nous appliquions une telle politique, je ne crois pas que nous obtiendrions 100 % de participation.

» Avec la latitude que nous offrons, les gens n'ont pas à choisir entre le temps en famille, les responsabilités professionnelles et les séances d'entraînement. Comme ils peuvent bâtir leur horaire selon leur choix, ils insèrent l'entraînement dans la case horaire qui leur convient le mieux.

Raquel regarda vers l'entrée et vit une femme arriver.

— Voilà ma cliente de quinze heures trente, dit-elle en souriant. Je l'aide dans sa préparation pour un demi-marathon. Avez-vous d'autres questions pour moi ?

— Des douzaines, répondit Joe, mais je ne veux pas vous interrompre. Est-ce que je peux revenir à un autre moment ?

— Absolument. Profitez-en pour utiliser nos équipements ou pour suivre un cours ou deux.

Raquel tapota l'épaule de Jacques.

— À plus tard, Jacques.

Puis, elle se dirigea vers sa cliente.

— Merci, Raquel.

Jacques invita Joe à marcher vers l'extrémité du centre.

— Elle semble extraordinaire, fit remarquer Joe à propos de Raquel.

Jacques approuva.

— Elle était entraîneuse personnelle dans un centre de conditionnement public depuis quelques années, mais elle y vivait beaucoup de frustrations. Les gens s'inscrivaient après les fêtes de fin d'année ou lorsque le centre annonçait des réductions sur les abonnements, mais ils abandonnaient constamment. Il était donc difficile pour elle de réaliser ce qu'elle désirait, c'est-à-dire aider les gens à être en meilleure condition physique.

» Avec le temps, la frustration est devenue si grande qu'elle a démissionné et s'est retrouvée ensuite à travailler aux ressources

Chapitre 12

humaines d'une grande compagnie. Heureusement pour elle et pour nous, elle remarqua une annonce que nous avions publiée pour l'embauche d'un entraîneur. Maintenant, elle fait de nouveau ce qu'elle aime et elle travaille avec des gens disponibles et motivés.

— Est-elle ici souvent ?

— De huit à seize heures, du lundi au vendredi. Les gens ont accès à son horaire et à ses disponibilités par notre serveur informatique à l'interne et s'inscrivent dans une plage horaire disponible pour une session personnalisée. Ou si une personne souffre de raideurs au cou ou au dos, ou s'il y avait une urgence quelconque, elle est disponible pour y répondre. Elle est aussi massothérapeute.

— Pourquoi avez-vous retenu sa candidature plus qu'une autre ? s'enquit Joe.

Jacques sourit.

— Elle avait tous les attributs et références que nous cherchions chez un entraîneur. De plus, elle était gentille. Et lorsqu'elle nous a raconté son histoire et qu'elle nous a confié qu'elle désirait avoir la possibilité de faire les choses de la bonne façon, ce fut l'argument ultime. Faire les choses de la bonne façon est aussi ce que nous recherchons dans nos opérations quotidiennes.

Jacques haussa les épaules et reprit :

— Depuis son embauche, tout se passe à merveille. Elle est heureuse, nous sommes heureux… Ce fut la rencontre parfaite !

Chapitre 13

Jacques emmena Joe à l'extérieur, sur le toit de l'édifice.

— Allons à l'extérieur un instant, suggéra-t-il.

Ils aboutirent à une très jolie aire de repos. On y trouvait des bancs de bois et des murs treillagés pour donner un peu d'ombre. Des fleurs à profusion égayaient les lieux. L'endroit offrait une vue imprenable sur la cour arrière et la forêt, plus loin.

— Très joli, s'exclama Joe en promenant son regard sur le site.

— Merci, répondit Jacques. Ce site et la cour arrière sont des endroits très populaires le midi ou lorsque les gens préfèrent tenir une réunion à l'extérieur.

— Celui qui a conçu ce site a fait un excellent boulot, confia Joe. On s'y sent merveilleusement bien.

— En réalité, ce sont les gens de DLGL qui l'ont créé, précisa Jacques. Après les heures de travail et durant les fins de semaine…

— Vraiment ? Qu'est-ce qui les a incités à sacrifier du temps en famille ou à renoncer à leurs loisirs pour venir ici concevoir cet endroit ?

Chapitre 13

— Les gens veulent faire partie de quelque chose, Joe. Les gens qui y travaillent sont un peu comme une seconde famille. Au fond, si l'on ne tient pas compte des heures de sommeil, les gens passent possiblement plus de temps ici que chez eux.

» Lorsque l'on donne aux bonnes personnes l'occasion de faire de bonnes choses et qu'on leur fournit les ressources nécessaires, elles font de bonnes choses.

» Pour ce genre d'initiatives, la compagnie paie tout le matériel, et les gens créent ce qu'ils veulent. La plupart des employés y participent. Non pas par obligation, mais parce qu'ils le désirent. Puis, ce genre d'expérience crée de formidables liens entre les gens et s'avère très enrichissante pour chacun.

Jacques promena son regard sur les installations pendant quelques moments.

— Venez, dit-il au bout de quelques minutes, laissez-moi vous montrer la suite.

Chapitre 14

Tout en marchant, Joe se tourna vers Jacques.

— Est-ce que les gens ont tendance à travailler plus d'heures ici parce que vous leur accordez autant de flexibilité ?

Jacques secoua la tête.

— Je ne veux pas que les gens travaillent plus de 35 ou 37 heures par semaine. Ils soumettent une feuille de temps par Internet sur laquelle ils indiquent les heures travaillées et les dossiers pour lesquels ces heures ont été utilisées. Ça nous permet de nous assurer que personne ne ressente la pression de devoir faire des heures supplémentaires pour que le travail se fasse.

— Intéressant, fit Joe.

— Ça nous est utile de plusieurs façons, reprit Jacques. Cet outil nous renseigne également sur la façon dont notre temps est utilisé dans la compagnie. Par exemple, si, soudainement, nous consacrons plus de temps qu'à l'habitude au soutien technique d'un client particulier, nous le constatons immédiatement. Ou si un projet requiert plus de temps de développement que prévu, nous le verrons également. Ça nous permet de déceler les problèmes dès leur apparition et de nous en occuper rapidement au lieu de les laisser prendre de l'ampleur.

Joe approuva et prit quelques notes dans un cahier.

— Sur le plan des horaires de travail individuels, continua Jacques, chacun choisit les heures durant lesquelles il veut travailler. Une personne peut choisir de faire plus d'heures une journée et moins le lendemain.

— Que faites-vous si un client essaie de mettre de la pression sur une personne de DLGL afin que quelque chose soit réalisé sur-le-champ ?

Jacques secoua la tête.

— Si une telle chose se produisait, la direction s'en mêlerait immédiatement. Nous n'acceptons pas un tel comportement de nos clients. Rien de ce qui pourrait nuire à la qualité de vie de nos employés n'est toléré.

Jacques se tut un moment, puis ajouta avec insistance :

— Rien. Si un client nous fait part d'un besoin urgent, nous restructurerons les ressources pour combler ce besoin, mais nous ne demanderons pas à nos gens de travailler des heures supplémentaires ou d'empiéter sur leur qualité de vie.

Joe eut l'impression qu'un processus était déjà prévu chez DLGL afin que la restructuration des ressources soit une option possible. Dans la plupart des compagnies, une telle option est impossible, car chaque employé est déjà surutilisé. Une réorganisation des ressources devenait alors illusoire. C'était comme essayer de mettre un bouchon sur une fuite sur un barrage. Vous résolvez un problème, mais vous en créez un autre. Joe se prit une note afin de demander ultérieurement à Jacques plus de détails concernant ce point. Il était curieux de savoir comment DLGL s'y prenait pour réorganiser ses ressources.

Jacques se remit à marcher et Joe le suivit.

— Ça fait plus de 35 ans que je dirige DLGL, Joe. L'une des plus grandes leçons que j'ai apprises, très tôt d'ailleurs, est que la décision de l'horaire de travail d'un employé doit revenir à la personne la mieux placée pour la prendre.

Joe sourit.

— À chaque individu ?

— Exactement, confirma Jacques. Comment pourrais-je savoir mieux qu'un parent quel horaire de travail lui permettrait de conjuguer adéquatement les allées et venues à l'école de son enfant avec son travail ? Ou quelles sont les semaines des plus propices aux vacances familiales ? Pourquoi voudrais-je être impliqué dans de telles décisions ?

— En parlant de vacances, qu'accordez-vous à vos employés ? demanda Joe.

— Nous avons une politique simple concernant les vacances, répondit Jacques. Prenez-en autant que vous en avez besoin ! Nous recommandons aux gens de prendre un nombre normal de semaines de vacances. Ensuite, nous les laissons déterminer eux-mêmes leur « normalité ».

C'était la première fois que Joe avait connaissance d'une telle politique.

— C'est la même politique pour les congés de maladie, continua Jacques. Récemment, quelqu'un a pris trois mois de congé de maladie, durant lesquels il fut payé comme à l'habitude. Sa femme avait reçu un diagnostic de cancer. Nous lui avons dit de s'occuper d'elle et de revenir lorsqu'il s'en sentirait capable.

Jacques fit une courte pause, puis reprit :

— Il faut considérer ces aspects sous une vision à long terme, Joe. Est-ce que j'aurais pu être le patron sans-cœur et exiger que cet homme se présente à son travail chaque jour, de huit à seize heures, sinon il serait congédié ? Bien sûr. Il aurait été ici le jour puis il aurait passé la soirée à l'hôpital auprès de sa femme. Mais, avec un tel horaire, il n'aurait été d'aucune utilité au travail tout comme à l'hôpital.

Jacques haussa les épaules.

— Alors nous conseillons aux gens de faire ce qu'ils doivent faire.

— Et ça fonctionne ?

Jacques approuva d'un signe de la tête.

— Et sur plusieurs plans. D'abord, cet homme est un membre de la famille DLGL. Il est ici depuis dix-huit ans. Il a œuvré pour nous durant presque deux décennies. Pourquoi l'aurais-je laissé tomber dans une période où il avait le plus besoin de DLGL ? Ç'aurait été inhumain.

» Deuxièmement, comme les gens se connaissent très bien dans la compagnie, ils ont été témoins de notre comportement envers cet homme et ils savent que DLGL sera là pour eux aussi s'ils en ont besoin.

» Troisièmement, lorsque des gens se retrouvent dans une telle situation et qu'ils sont soutenus par la compagnie pour laquelle ils travaillent, à leur retour, ils sont plus que jamais dédiés à leurs tâches et à leur employeur. Lorsque la compagnie a besoin d'eux, ils sont là à leur tour.

» Traitez bien les gens et ils vous le rendront bien, Joe. Ça vaut pour chaque personne, incluant la compagnie. Comme je vous le disais plus tôt, notre secteur d'activité connaît un taux annuel moyen de 20 % de rotation de personnel. Le nôtre est à 0 %.

» Ce taux est en grande partie relié à tout ce que nous venons d'aborder. Au bout du compte, avec un tel taux de rotation de personnel, nous sommes plus efficaces et performants. Il en résulte une plus grande rentabilité pour l'entreprise.

Joe comprenait très bien le point de vue de Jacques. La vision de ce dernier rejoignait celle que Joe avait pu observer dans toutes les grandes compagnies. Il y avait une volonté de bien traiter les gens, de leur faire confiance et de récompenser leurs efforts.

C'était plein de bon sens. Et ça servait bien la compagnie. Pourtant, cette vision n'existait pas dans tellement de compagnies.

Joe prit la parole :

— C'est une belle histoire, celle de l'homme à qui vous avez donné la chance de rester auprès de sa femme. Il y a un mois, environ, l'une de mes amies m'a conté une histoire tout à fait contraire.

— Ah bon ?

— Elle travaille pour une importante compagnie dans le domaine du divertissement. L'une de ses collègues a vu son mari recevoir un diagnostic de cancer. Elle a dû tenter de concilier le travail et les soins à son mari. Après neuf mois à s'épuiser dans de longues journées au travail et d'aussi longues soirées à l'hôpital auprès de son mari, elle a été cavalièrement rétrogradée sous prétexte qu'elle n'offrait pas un rendement suffisant à son poste.

Chapitre 14

— Depuis combien de temps travaillait-elle pour cette compagnie ?

— Seize années.

Jacques secoua la tête.

— Une telle réaction de la part de la compagnie a sûrement dû aider son moral, sa santé, la convalescence de son mari, l'ambiance au travail, dit-il avec ironie et dépit. C'est inhumain, reprit-il. C'est le genre de choses qui ne se produisent pas ici.

Chapitre 15

Les deux hommes quittèrent le toit et empruntèrent un escalier. En quelques minutes, ils se retrouvèrent dans un hall d'où ils avaient une vue sur un gymnase.

— Vous avez un gymnase complet ici ? demanda Joe, étonné.

— Oui. Il faisait partie du tout premier plan d'aménagement. Basketball, volleyball, badminton, hockey intérieur...

Joe observa le gymnase. Quatre personnes y disputaient âprement une partie de badminton. Il était autour de seize heures.

— Est-ce que vous jouez ? lui demanda Jacques.

Joe secoua la tête.

— Je crois que c'est plus populaire ici que dans votre région, précisa Jacques. Nous tenons des tournois à l'intérieur de la compagnie. Les gens s'y inscrivent selon leur niveau de jeu.

Joe observait toujours les joueurs. Ils excellaient, de toute évidence.

— Ils doivent être parmi les meilleurs, constata Joe.

— Oui. Ils font partie des joueurs les plus sérieux, confirma Jacques.

Chapitre 15

— Qu'est-ce qui vous a amené à construire un gymnase ? demanda Joe alors qu'ils s'y dirigeaient tous deux.

— Comme je vous le disais, il a fait partie des plans initiaux. Lorsque nous avons lancé DLGL, nous avions l'habitude de pratiquer plusieurs sports ensemble, mais c'était compliqué. Il fallait réserver un gymnase des semaines "à l'avance", nous y rendre, en revenir…

» Cependant, j'ai remarqué à quel point de telles activités favorisaient les liens entre nous. Lorsque nous avons planifié la construction d'un édifice, nous y avons inclus un gymnase.

Jacques sourit.

— Il a eu plus d'effets positifs que je ne l'avais imaginé. Bien sûr, l'un d'eux fut les liens créés et solidifiés entre les gens, mais il nous a aussi rendus célèbres dans notre secteur d'activité. On pouvait se retrouver à Vancouver pour un salon quelconque et les gens nous disaient : « Hé, c'est vous qui avez un gymnase à l'intérieur de votre compagnie, non ? »

Jacques sourit à nouveau.

— Rappelez-vous que c'était il y a vingt ans. Personne ne faisait de telles choses à l'époque. Aujourd'hui, Google et d'autres compagnies cherchent constamment des façons de rapprocher leurs employés. Mais pas à l'époque. Ça nous a rendus populaires.

— Si vous voulez être intéressant, faites quelque chose d'intéressant, répliqua Joe.

— Exactement, approuva Jacques. Ça nous a donc permis de gagner une reconnaissance sur le marché, ce qui fut un avantage profitable, mais secondaire. Le plus grand bénéfice fut ce que nous en avons tous retiré ici. Le fait est, Joe, que lorsque les gens jouent ensemble, ils créent entre eux des liens différents que lorsqu'ils ne font que travailler ensemble, même s'ils adorent leur emploi.

» J'avais noté cela. Nous avons donc instauré des tournois dans lesquels les partenaires changeaient tous les deux mois. De cette façon, les gens ont vraiment pu apprendre à se connaître. Lorsque vous jouez en équipe avec une personne pendant deux mois, vous la connaissez comme être humain, pas seulement comme collègue de travail.

» Vous avez vu le Vipnase, là où nous avons rencontré Raquel. Cinq de nos employés s'y sont entraînés ensemble durant une année complète. Puis, ils ont participé à une compétition d'hommes forts. Pensez aux liens qu'une telle expérience a créés entre eux ! Lorsqu'ils se retrouvent pour travailler sur un projet de la compagnie, on remarque une connexion entre eux tellement plus intense que la majorité des gens au travail. Ils se respectent et s'apprécient. Ils savent qu'ils peuvent compter les uns sur les autres à un tout autre niveau.

Jacques haussa les épaules.

— Une fois, un journaliste m'a interviewé. Après avoir vu le Vipnase et entendu parler des sentiers pour la marche, des bicyclettes et du terrain de pratique au golf, il m'a demandé si les gens travaillaient à un moment donné.

» Il n'avait rien compris. Tout cela est connecté. Quelqu'un sur le tapis roulant aura l'inspiration pour une idée fantastique au sujet de l'un de nos produits. Ou encore, durant leur marche en forêt, deux membres d'une équipe trouveront la solution à un problème qui les occupait depuis un certain temps. Nous ne forçons pas ces choses à arriver. Elles surviennent, tout simplement. Lorsqu'elles sont faites de la bonne façon, les activités de la vie et celles du travail se mélangent à merveille. Et cet heureux mélange nous rend meilleurs dans tous les aspects.

Joe approuva.

— Vous avez commencé avec le gymnase, ici, puis lorsque vous avez agrandi l'édifice, vous avez ajouté le Vipnase?

— Exact. C'était basé sur les mêmes observations. Plusieurs personnes dans l'entreprise s'intéressaient à l'entraînement, à l'aérobie et à ce genre d'activités. Elles les pratiquaient par elles-mêmes. Nous leur avons seulement simplifié la vie. Le gymnase demeure l'endroit où pratiquer les sports, tandis que le Vipnase est devenu le lieu pour s'entraîner et se mettre en forme.

» Depuis mon enfance, je suis un athlète. J'ai toujours eu la conviction que lorsque je me sens bien et en pleine forme, je prends de meilleures décisions. Je suis plus intelligent. Si c'est vrai pour moi, pourquoi ne pas donner la chance aux autres d'en faire autant ?

» Je n'ai jamais fait le calcul, mais je sais que tout cela a été rentable. Les gens ici sont incroyablement en forme et en santé. Logiquement, ils sont rarement malades, donc rarement absents, ce qui signifie qu'ils sont ici, à servir nos clients.

» Ils s'entraînent selon leur horaire, en accord avec leur biorythme, et ils ont ainsi une meilleure énergie tout au long de la journée. La productivité en bénéficie. Les gens résolvent les problèmes plus rapidement, accomplissent leurs tâches plus efficacement et sont plus énergiques dans les interactions avec les clients ou entre eux.

Il s'avança vers le gymnase.

— Le gymnase et le Vipnase ne sont pas les seuls éléments qui aident nos gens à être en forme et en santé. Deux fois par jour, une personne nous apporte des fruits frais, des noix et d'autres aliments santé. Et tout est gratuit pour nos gens. Si certains préfèrent la malbouffe, ils peuvent en trouver dans les machines distributrices au sous-sol. Mais ils doivent les payer. Les options saines sont gratuites.

— C'est tout à fait sensé... parce que c'est plein de bon sens ! dit Joe en riant.

— Tout à fait, répliqua Jacques.

Quelqu'un pénétra dans le hall, un homme dans la fin trentaine. Il transportait un sac de sport et une raquette de badminton. Il venait, de toute évidence, de s'être douché et il retournait au travail.

— Hé ! Jacques. Il serait temps que tu passes au gymnase pour revoir quelques mouvements que Denyse Julien nous a appris lorsqu'elle est venue ici, dit l'homme.

Jacques sourit et les deux hommes échangèrent une poignée de main. Jacques fit les présentations.

— Est-ce que vous jouez ? demanda l'homme à Joe.

— Au volleyball, mais pas au badminton, répondit Joe. Ça me semble un sport intéressant, toutefois.

— Venez l'essayer si ça vous tente, ajouta l'homme. Nous vous en apprendrons les rudiments. Ou alors, venez pour le volleyball. Je suis presque sûr qu'il y a un *match* prévu cette semaine.

L'homme jeta un coup d'œil à sa montre.

— Désolé, messieurs, j'attends l'appel de l'un de mes clients dans quelques minutes. Heureux de vous avoir rencontré, Joe. Jacques, es-tu encore au bureau pour un certain temps ? J'aimerais te parler du nouveau projet CRM.

Chapitre 15

Jacques lui fit signe que oui.

— Passe à mon bureau. Je ne serai pas loin.

— Il semble être un très bon joueur, dit Joe tandis que l'homme s'éloignait.

— Encore plus maintenant, répliqua Jacques. Il a mentionné le nom de « Denyse Julien ». Nous l'avons engagée durant deux mois pour qu'elle offre des leçons de badminton une fois par semaine. Les gens se sont alors vraiment améliorés.

Joe hocha la tête.

— Je ne la connais pas.

— Elle a participé à trois reprises aux Jeux olympiques et elle a gagné trente et un championnats nationaux canadiens, précisa Jacques.

Il reprit le pas.

— Allons donc de ce côté.

Chapitre 16

Après avoir fait visiter une autre section de l'édifice à Joe et lui en avoir donné les explications, Jacques regarda sa montre. Il était presque dix-sept heures.

— Joe, deux options s'offrent à nous. Nous pouvons prolonger encore un peu notre tournée des lieux ou nous pouvons nous dire que la soirée débute et poursuivre demain. Maintenant que vous avez vu certaines de nos installations et en avez appris un peu plus sur qui nous sommes, qu'est-ce qui vous semble le mieux pour la suite afin d'obtenir le plus d'informations possible pour votre reportage ?

— J'aimerais bien passer quelques jours ici… peut-être même quelques semaines, si ça ne vous incommode pas. Ce que vous avez partagé avec moi jusqu'ici m'intéresse beaucoup et me sera très utile pour mon projet.

— Très bien, répondit Jacques en souriant, parce que nous ne faisons que commencer !

Joe sourit en retour.

— J'ai ce sentiment, moi aussi !

— Je vais vous dire, Joe. Si une lecture facile vous intéresse, ce soir, je vais vous remettre un petit cadeau avant que vous ne partiez.

Chapitre 16

— D'accord.

Jacques se dirigea vers le bureau de son adjointe, Louise.

— Louise, aurais-tu un moment ?

Louise se retourna avec le sourire.

— Bien sûr, Jacques. De quoi s'agit-il ?

— Voici Joe. Je t'ai parlé de lui hier. Il passera un peu de temps avec nous au cours des prochaines semaines. J'aimerais qu'il jette un coup d'œil au *Grand petit livre des courriels*. L'aurais-tu à portée de la main ?

Joe regarda Louise.

— Heureux de vous rencontrer, Louise.

— Heureuse aussi de faire votre connaissance, Joe, dit-elle, toujours avec le sourire. Donnez-moi une minute et je vous reviens avec ce livre.

Elle atteignit une étagère et en retira un grand livre vert à trois anneaux rempli de feuilles. Elle le tendit à Jacques qui le remit à son tour à Joe.

— Lorsque quelqu'un débute, chez DLGL, nous avons un objectif spécifique pour lui, dit Jacques. Nous voulons lui permettre d'intégrer l'équipe de façon *confortable* et sans aucun stress. Le premier jour, on lui "assigne" un mentor qu'il doit suivre chaque jour. Il n'a qu'à se familiariser avec notre façon de faire, à l'observer, à l'apprendre.

» Nous ne nous attendons pas à ce qu'il entre en fonction et casse la baraque ou apporte une valeur ajoutée à la compagnie. Cette entreprise est une machine bien huilée, et non une maison en feu. Si l'on a engagé cette personne, c'est que l'on pressent que, très bientôt, une autre paire de bras sera nécessaire.

» Nous l'avons donc engagée en prévision de ce besoin. Au commencement, on demande à la personne de suivre son mentor, de se promener ici et là dans l'entreprise et d'être seulement présent. Rien de plus, c'est le début d'une longue aventure. Selon cette vision, il est important que la culture de DLGL lui devienne familière.

Jacques pointa le livre qu'il venait de remettre à Joe.

— Et c'est là qu'entre en jeu le *Grand petit livre des courriels*. Nous demandons à chaque nouveau venu de le lire.

Joe tapota l'objet en souriant.

— J'ai hâte de le parcourir. Nous pourrons reparler plus tard de ce que vous venez de m'expliquer. Des questions se pointent déjà dans ma tête et je serais curieux d'entendre vos réponses.

Jacques accepta :

— Absolument.

Il tendit la main à Joe, qui la serra chaleureusement.

— Je suis content de vous accueillir parmi nous, Joe. Nous nous verrons demain. J'arriverai à neuf heures, mais vous pouvez venir à l'heure qui vous convient.

Chapitre 17

Joe était assis dans sa chambre d'hôtel. Il parcourait le *Grand petit livre des courriels*. Le contenu était très intéressant et très varié. C'était un peu comme lire de petites histoires.

« C'est nettement mieux qu'un banal manuel de procédures et de règlements », pensa-t-il.

Joe se sentait bien. La visite de DLGL n'avait que commencé, mais déjà il était intéressé.

Son téléphone sonna. Il jeta un coup d'œil à l'afficheur. C'était Sonia. Il hésita, puis il répondit.

— Salutations du Canada, dit-il joyeusement.

— Wow ! Une personne vivante qui répond ! C'est une belle surprise, dit Sonia en riant.

— Je suis désolé pour les autres appels. Les choses étaient juste un peu…

Joe s'arrêta.

Sonia comprenait pourquoi il n'avait pas répondu à ses appels. Maintenant qu'elle l'avait au téléphone, elle désirait une conversation plutôt agréable et joyeuse.

— Que fais-tu au Canada ? lui demanda-t-elle rapidement.

— Je travaille à l'une de mes entrevues. Il y a une compagnie fort intéressante ici, dirigée par un homme fort intéressant lui aussi. Je l'ai rencontré aujourd'hui et je vais rester un moment ici pour en apprendre plus sur la culture d'entreprise.

Sonia savait déjà tout cela. Elle avait parlé à Maggie deux jours plus tôt. Devant les silences répétés de Joe, Sonia avait téléphoné à Maggie pour savoir ce qui se passait avec Joe. Elle n'aimait pas avoir à cacher cela à Joe, mais il avait été plutôt difficile à suivre dernièrement.

— Peux-tu m'en parler ? lui demanda-t-elle.

Joe lui fit un compte rendu de ce qu'il avait vu et entendu durant la journée. Sonia sentait que quelque chose de formidable s'était passé. Il y avait une énergie dans la voix de Joe qu'elle n'avait pas perçue depuis des mois.

Elle n'en dit rien et le laissa continuer.

— Et que trouve-t-on dans ce *Grand petit livre des courriels* ? lui demanda-t-elle lorsqu'il en arriva à ce sujet.

— C'est très intéressant. Au début, ça semble plutôt pêle-mêle, je veux dire que les courriels abordent des sujets variés sans liens entre eux. Mais, en les lisant, on réalise que ce sont des histoires qui illustrent la culture de l'entreprise. En les regroupant tous, on comprend ce qu'est cette compagnie et comment on y fait les choses.

Joe fit une pause, puis reprit.

— C'est un peu comme le concept de la tradition orale. Chez les anciennes cultures, les gens ne connaissaient pas l'écriture. Ils transmettaient les traditions et les informations oralement. Ils

Chapitre 17

disaient l'information au lieu de l'écrire. Et, la plupart du temps, probablement parce que ça la rendait plus intéressante ou plus facile à comprendre et à retenir, l'information était transmise par des histoires.

» Ce livre me fait un peu penser à cela. La plupart des compagnies se servent d'un manuel de procédures et de règlements qui définit ce qu'il faut ou ne faut pas faire. Ce sont habituellement de gros manuels "ennuyants" ou des pages peu stimulantes sur le serveur informatique de l'entreprise. Tandis qu'avec ce livre de courriels, on ne sait jamais à quoi s'attendre d'une page à l'autre. Et comme les histoires sont intéressantes, on a le goût d'en poursuivre la lecture.

» Du même coup, on saisit ce qu'il faut ou ce qu'il ne faut pas faire tout en comprenant la culture d'entreprise qui y a cours.

Joe ramassa le livre.

— Tiens, voici un exemple. L'objet du courriel est *Singes, alligators et dragons*.

Sonia éclata de rire.

— Quoi ?

— Tu as bien compris. Déjà, en partant, ça en dit beaucoup sur la culture d'entreprise. Le plaisir et l'authenticité sont présents. Et ça «incite» à lire le courriel.

— Et qu'est-ce que ça dit ?

— Celui-là est un compte rendu de Jacques, le fondateur de la compagnie. Il l'a écrit après avoir assisté à une cérémonie au cours de laquelle DLGL avait été honorée à titre de l'une des cinquante compagnies les mieux dirigées au Canada. En passant, ça fait quinze ans de suite qu'elle figure sur cette liste.

» Jacques y explique quelques trucs qu'il a retenus des différents conférenciers lors de l'évènement.

— Et où les singes, les alligators et les dragons interviennent-ils ? demanda Sonia.

— Dans les histoires relatées dans le courriel. C'est trop long à expliquer, mais voici quelques-unes des notes que Jacques trouvait très importantes.

Joe en lut quelques-unes.

- ❖ *Sois au fait que le* coaching *crée la confiance qui, elle, permet à la compétence de se matérialiser.*
- ❖ *Sache quand tu dois t'excuser, sinon tu affronteras le cynisme.*
- ❖ *Défie les gens de penser pour eux-mêmes. Ne distribue pas de permissions et n'exige pas d'approbations.*
- ❖ *L'humour est requis en affaires. Comme le dit Winnie, l'ourson, « c'est beaucoup trop important pour être pris au sérieux ».*
- ❖ *Gère-toi toi-même. Ainsi, les autres n'auront pas à le faire.*
- ❖ *La performance survient dans un bon environnement.*

— Dans le reste du courriel, il parle de son expérience lors de l'évènement et de comment elle peut servir DLGL, poursuivit Joe. C'est le genre de message qui, sans que l'on vous l'impose, vous fait comprendre ce qui compte pour cette personne et sa compagnie.

» Et ce que je trouve intéressant, c'est que certains courriels sont récents, tandis que d'autres datent de deux décennies ! On ressent alors le sens de la tradition, tout comme dans le contenu des courriels.

— Concernent-ils tous le même genre de sujet ? demanda Sonia.

Chapitre 17

— Pas du tout. Ils traitent de tout… De raisons pour lesquelles on a abandonné un projet qui n'avait aucun sens, de suggestions vestimentaires, de philosophies de vie, d'impressions sur les styles de gestion, de remerciements après des réceptions de Noël… Et les textes ne sont pas tous écrits par Jacques. Il semble que tout courriel qui abonde dans le sens de ce grand livre s'y retrouve.

» Veux-tu que je t'en lise un ? Il est un peu long, mais ça te permettra de comprendre ce que je veux dire et comment la transmission de l'information est agréable.

— Vas-y, je t'écoute, répondit Sonia.

Chapitre 18

Joe amorça la lecture du courriel à Sonia.

De : *«Jacques Guénette»* < j@dlgl.com >
À : *«DLGL»* < DLGL@dlgl.com >
Objet : *Choisir parmi les imperfections*

Chez DLGL, nous pensons que si une personne reconnaît que rien n'est parfait, alors elle est en mesure de choisir, parmi les imperfections, celles qu'elle accepte.

Si quelqu'un est convaincu que la perfection peut être atteinte et qu'elle doit être constamment recherchée, il devra composer avec de nombreuses surprises. Les imperfections seront bel et bien au rendez-vous, mais elles n'auront pas été choisies. Elles chambouleront inévitablement la vie de l'individu demeuré concentré sur la perfection à tout prix.

Nous profitons de certains avantages qui sont basés sur l'acceptation des imperfections. Par exemple, vous êtes au centre d'entraînement à neuf heures quarante-cinq pour entretenir la forme de votre merveilleux corps.

L'imperfection est alors pour les autres. Et si quelqu'un avait besoin de vous parler ?

Chapitre 18

Évidemment, si votre maison est en feu, votre conjoint arrivera sûrement à convaincre quelqu'un de vous trouver au Vipnase. Par contre, si quelqu'un veut savoir si vous pouvez jouer une partie de badminton à dix-sept heures, ça peut attendre.

Si quelqu'un a besoin de soutien technique et que vous seul avez la réponse, il devra patienter. Dans une organisation parfaite, ça n'arriverait pas, mais puisque nous savons que rien n'est parfait, il se passerait autre chose. Par exemple, la personne pourrait remplir une requête de soutien technique, mais voilà, le système informatique pourrait parfois tomber en panne. Ou bien les gens au numéro 1 800 seraient débordés et le client devrait prendre un numéro pour qu'on le rappelle... probablement dans la journée.

Dans le but de ne pas avoir à vivre de telles imperfections, nous avons choisi de vivre avec l'imperfection qu'une personne appelant en toute légitimité pour obtenir du soutien technique – appel qui devrait recevoir une attention immédiate – puisse avoir à attendre votre retour de la douche.

Et, non, vous empêcher d'aller au Vipnase à neuf heures quarante-cinq n'est pas une solution. Une telle interdiction créerait d'autres imperfections que nous avons décidé de ne pas connaître en nous construisant un Vipnase.

La même chose s'applique au hockey. Il se peut que les trois personnes à qui vous avez besoin de parler soient en train de jouer un match de hockey mardi, dans la matinée. Si vraiment vous avez besoin d'eux, c'est une imperfection. Cela dit, le fait que ces trois gars du soutien technique jouent ensemble au hockey peut être la raison pour laquelle ils souriront le reste de la journée.

Ne pas les voir souriants (du coup, les voir crier après les gens, et même entre eux, puis partir en étant frustrés de leur travail) est l'imperfection que nous avons décidé de ne pas connaître.

En général, nous offrons un soutien absolument exceptionnel. Demandez à quiconque ayant travaillé dans d'autres compagnies.

Si quelqu'un ressent le besoin d'avoir un contrôle plus précis de l'horaire du service de soutien, ce n'est pas la responsabilité de l'équipe de soutien d'être consciente que vous ne pouvez pas vivre avec une imperfection. Par exemple, Paul fera une installation d'un système chez l'un de nos clients mardi prochain, à sept heures trente.

Alors, faites comme Paul et assurez-vous qu'une ou deux personnes du service de soutien technique seront disponibles à cette heure, mardi prochain, au cas où vous en auriez besoin. Si vous ne savez pas quand vous pourriez avoir besoin de soutien, comment voulez-vous, pour l'amour du ciel, que les gens du soutien le sachent eux-mêmes?

Et, non, la perfection d'un soutien total absolu en tout temps ne sera jamais disponible. Nous ne tentons même pas d'y parvenir. Nous savons que cela mènerait à des imperfections pires que celles que nous connaissons, et nous avons décidé de ne pas les vivre.

Si ça vous semble difficile à comprendre, voyez les choses de la façon suivante. Imaginez que j'ai besoin d'un soutien parfait et en tout temps. Je travaille souvent à des heures très irrégulières. Cela voudrait donc dire que je veux être en mesure de joindre quiconque d'entre vous à vingt-deux heures, le samedi soir, pour quoi que ce soit... J'ai besoin d'une information ou d'une explication ou mon ordinateur est en panne... Ce serait une imperfection dans la vie de chacun de vous travaillant à DLGL.

La meilleure imperfection, dans un tel cas, est que j'attende à lundi matin, pas vrai? La meilleure imperfection ne serait certainement pas de créer une culture d'entreprise où chaque personne doit surveiller son cellulaire jour et nuit!

Un brin d'imagination vous permettra assurément de penser à des situations où vos privilèges et votre liberté chez DLGL peuvent causer une imperfection pour quelqu'un d'autre.

Chapitre 18

Et... nos systèmes repèrent les moments de non-disponibilité de nos employés, juste au cas où quelqu'un deviendrait dingue dans l'autre direction.

Bonne fin de semaine à tous,

Jacques (Jag) Guénette

Joe déposa le livre après la lecture du courriel.

— Je sais que certains passages peuvent ne pas avoir de sens pour toi, car tu n'as pas toutes les informations sur la compagnie, dit-il, mais tu vois tout de même ce que je veux dire. Un nouvel employé qui lit ce courriel comprend immédiatement la politique de l'entreprise au sujet du soutien technique.

— Même le style dans lequel est écrit le courriel en dit beaucoup, ajouta Sonia. Si je ne connaissais rien d'autre que ce courriel au sujet de la compagnie, j'aurais déjà de bonnes indications sur elle. On y dit les choses de façon directe, on y dénote une perspective d'ensemble, on y comprend que l'entreprise valorise son personnel…

Elle rit.

— J'ai même l'impression que l'équipe est drôle !

— C'est ce que je voulais te faire comprendre, reprit Joe. En lisant les pages de ce livre de courriels et, sans s'en rendre compte, on saisit graduellement la philosophie de l'entreprise. Et c'est ce qui compte.

Chapitre 19

— En voici un autre, dit Joe. C'est bref, mais il en dit beaucoup. Pour respecter l'intimité de DLGL, je tairai les noms des clients apparaissant sur le courriel, mais quiconque lit ce courriel les a directement sous les yeux.

De: *«Jacques Guénette»* < j@dlgl.com >
À: *«DLGL»* < DLGL@boss.dlgl.com >
Objet: *Prêcher par l'exemple*

Cette semaine, nous avons catégoriquement levé des drapeaux rouges devant les dirigeants (vice-président et président) de deux de nos plus importants clients, _____ et _____. Pourquoi? Parce que quelques-uns de leurs employés sont impolis et ne témoignent pas le respect que les employés de DLGL sont en droit de s'attendre.

Nous nous opposerons à quiconque, peu importe les conséquences, quant à de tels aspects. C'est ce que nous voulons dire lorsque nous affirmons que pour nous un employé est plus important qu'un client. Nous ne permettrons aucun abus,

Chapitre 19

de quelque nature que ce soit, simplement parce que le client émet des chèques.

L'un des cas est pratiquement réglé et l'autre le sera dans les meilleurs délais. Je vous le garantis.

Jacques (Jag) Guénette

— Wow ! dit Sonia, c'est impressionnant.

— Je sais, reprit Joe. Imagine que tu sois une nouvelle employée et que tu lises ça. Si un client se met à te manquer de respect, tu sais que tu peux en parler ! Tu ne te sentiras pas intimidée ou incertaine quant à la façon de réagir. C'est écrit : ce n'est pas toléré !

» Et que tu le réalises ou non lorsque tu lis cela, à un niveau inconscient, le fait que ce fut écrit il y a plus d'une décennie et que DLGL est toujours aussi prospère, tu sais que ça fonctionne.

Joe tourna quelques pages du livre.

— Je ne te les lirai pas tous, dit-il avec enthousiasme, mais il y en a un parmi tous qui a retenu mon attention. Garde à l'esprit qu'une grande partie de ce que fait DLGL est de collecter de l'information et de la rendre utilisable et pertinente afin que ses clients puissent prendre de bonnes décisions.

» Dans ce message, Jacques apporte le tout à un autre niveau en expliquant que l'information inclut la façon dont les gens de DLGL communiquent entre eux et parlent à leurs clients.

De : *«Jacques Guénette»* < j@dlgl.com >
À : *«DLGL»* < DLGL@boss.dlgl.com >
Objet : *Qualité de l'information et confiance*

Notre travail consiste à gérer des informations. Toutes sortes d'informations. Elles doivent donc être bonnes.

Bonnes en les récoltant de nos clients. Nous sommes les experts, il nous revient de juger quand cesser la quête d'informations chez nos clients. Lorsque nous cessons cette quête, nous devons nous assurer d'avoir les faits, parce qu'ils seront au cœur de ce que nous livrerons ultérieurement aux clients, soit encore plus de données et d'informations basées sur ce que nous aurons préalablement récolté et rassemblé.

Bonnes aussi lorsque nous les partageons entre nous. Pour être efficaces (ce qui est absolument requis pour contrebalancer le fait que nous sommes petits), nous ne pouvons pas nous permettre un mode opérationnel hautement structuré, documenté et contrôlé.

Nous opérons plutôt selon une présomption de confiance. Il doit régner une véritable confiance qui doit être justifiée.

En d'autres mots, chez DLGL, nous devons être en mesure de nous fier à ce que les autres nous disent et ils doivent tous se fier à ce que nous leur disons. Pas parfois ou la plupart du temps. La confiance doit régner en tout temps.

La confiance est l'atout ayant le plus de valeur que nous pouvons obtenir de nos clients à titre d'entreprise. Et c'est aussi l'atout le plus important que nous pouvons avoir entre nous à titre d'individus.

Ne la bousillez pas en vous permettant des petits mensonges, des demi-vérités, des omissions, etc. On appelle ça «jouer au

Chapitre 19

petit futé». Mais ça vous rattrapera, peu importe à quel point vous vous pensez futé. Nous en avons eu, des cas de petits futés… Éventuellement, ils se font prendre à leur jeu.

Qualité de l'information, sous tous les angles.

Jacques (Jag) Guénette

— C'est vraiment génial, dit Sonia.

— N'est-ce pas ? ajouta Joe. C'est une façon tellement simple, mais si efficace de transmettre les valeurs, la philosophie, les méthodes…

Sonia ressentait l'enthousiasme de Joe et elle en était heureuse. Il y avait longtemps qu'elle n'avait pas senti une telle énergie chez Joe. Ça remontait au temps où ils s'étaient connus.

— Est-ce que je pressens l'incorporation de certains de ces concepts dans Thomas Derale Enterprises, courtoisie de Joe Pogrete ? demanda-t-elle en riant.

À peine avait-elle prononcé ces mots qu'elle les regrettait déjà. Avant d'appeler Joe, elle s'était répété une douzaine de fois de parler de tout et de rien, mais de ne jamais mentionner le nom de Thomas. La conversation était si passionnante que ces paroles sont sorties de sa bouche tout naturellement.

Il y eut un silence.

— Ouais… peut-être, dit Joe après un moment.

Et le silence s'installa de nouveau.

— Écoute, Joe, je plaisantais. Je suis désolée d'avoir ramené…

— Non, ça va, interrompit Joe. C'est correct, vraiment. Nous ne faisons que parler.

Ça n'allait pas du tout. Elle pouvait le sentir. Joe venait de retourner dans cet espace sombre en lui-même duquel il était prisonnier dernièrement.

« Zut », pensa-t-elle en elle-même.

— Bon, je dois te quitter, dit Joe soudainement. Je veux finir la lecture de ce livre et me coucher tôt. Je me lèverai de bonne heure, demain matin.

Il essayait de se montrer joyeux de nouveau, mais Sonia savait que quelque chose venait de changer. Elle voulait s'excuser encore, lui parler pour le faire ressurgir de sa noirceur, mais elle savait que ça ne servirait à rien.

— D'accord, dit-elle avec le plus d'enthousiasme possible. Appelle-moi dans quelques jours et tu me diras alors si tu as appris à jouer au hockey.

— Je le ferai, dit-il en souriant malgré tout.

Joe ferma le téléphone. Il parcourut le livre, mais son intérêt n'était plus le même. Curieusement, tout cela ne lui apparaissait plus aussi important. Il referma le livre et le retourna sur le bureau.

Chapitre 20

Le lendemain matin, Joe ne se sentait pas tellement mieux. Après la conversation avec Sonia, il s'était réfugié dans une sombre énergie de tristesse qui était sa compagne depuis des mois.

Ça le troublait et lui rappelait comment il se sentait avant que Thomas lui enseigne que la vie pouvait être une perpétuelle aventure, et non cinq jours de pénibles corvées à traverser avant d'arriver aux fins de semaine.

Il en était particulièrement peiné, car il savait que c'était une insulte envers Thomas. Joe se disait que lorsque notre meilleur ami nous inspire à vivre une vie fantastique et qu'il meurt ensuite, nous n'avons pas à faire volte-face et à déshonorer sa mémoire en nous vautrant dans la tristesse et l'empathie. Mais, il n'y pouvait rien. C'est ce qu'il ressentait.

Bien que sa visite ait été brève, les quelques heures passées chez DLGL l'avaient reconnecté à une énergie, qui lui rappelait celle de Thomas, à cette façon qu'ils avaient, tous les deux, de discuter de projets à bâtir. Ils riaient et parlaient durant des heures de nouvelles compagnies, de produits inimaginables, d'expériences étonnantes à partager avec les gens de Derale Enterprises. Il repensait également aux séminaires *Rends-moi meilleur* – qu'ils coanimaient – réunissant des gens drôles, intelligents et passionnés qui leur permettaient d'échanger et d'aller le plus loin possible dans leur potentiel.

Pour une raison quelconque, Joe repoussait cette énergie positive. Il s'y refusait alors qu'il aurait dû l'accueillir. Il le savait, mais il avait l'impression de rester ancré au port.

« Bon, je ferais mieux de m'y mettre, sinon ce sera un très bref article », pensa-t-il en se regardant dans le miroir.

Chapitre 21

Dès que Joe pénétra dans son bureau, Jacques comprit immédiatement que quelque chose était différent chez lui. Après avoir passé plus de trente ans de sa vie à gérer des compagnies et à diriger des gens, Jacques était devenu très habile dans l'art de détecter ce genre de subtilités.

« Sécurisons-le et essayons de comprendre son état d'esprit », pensa Jacques.

— Bonjour, Joe. Heureux de vous voir de retour, dit Jacques avec un sourire. J'étais en peu inquiet que l'idée de devoir vous frotter à des joueurs de badminton de calibre professionnel puisse vous avoir incité à terminer nos conversations au téléphone.

Joe s'efforça de sourire en retour et essaya de camoufler le brouillard sombre qui lui obstruait encore l'esprit.

— Pas d'inquiétude, je suis là, répondit-il.

Jacques se leva.

— Parfait! Allons nous promener alors. Il y a une section de l'édifice que je tiens à vous montrer. C'est l'une des clés de notre succès.

En quelques minutes, ils se retrouvèrent dans une section composée de salles de réunion. Comme le reste de l'édifice, ces salles étaient spacieuses et confortables.

— À quoi servent toutes ces salles ? demanda Joe.

— Dans notre secteur d'activité, la pratique courante consiste à envoyer nos experts chez nos clients, expliqua Jacques. Ça signifie que pendant des mois, parfois même durant un an, ces gens se retrouvent loin de leur famille et demeurent à l'hôtel. Généralement, chez les clients, ils doivent se contenter des bureaux disponibles pour accomplir leur travail, ce qui veut dire ceux dont personne ne veut.

Joe approuva.

— C'est vrai. Au début de ma carrière, j'ai travaillé comme consultant en stratégies. J'étais étonné des placards ou des recoins dans les sous-sols que l'on nous assignait pour exécuter notre travail.

Jacques approuva à son tour.

— Et ce n'est pas exactement le genre d'environnement propice aux meilleurs résultats, c'est pourquoi nous procédons autrement. Notre approche est tout à fait différente. Au lieu de nous rendre chez un client pour une longue période, nous invitons le client chez nous.

Il étendit les bras en indiquant l'espace devant lui et reprit :

— Nous les emmenons dans un environnement agréable. Ils ont un accès complet au gym, au centre d'entraînement, aux bicyclettes de montagne…

— Aux fruits gratuits, interrompit Joe, ce qui fit rire Jacques.

Chapitre 21

— À tout cela, et aussi longtemps que le projet l'exige. Ils viennent ici pour travailler et pour jouer. Parce que nous les emmenons ici, notre projet n'entre pas en conflit avec leurs tâches quotidiennes habituelles, la bureaucratie *corporative* et toutes les autres distractions qu'ils auraient dû affronter en restant à leur bureau.

» De cette façon, les clients sont entièrement concentrés sur notre projet. De plus, cette formule permet à DLGL de ne plus être seulement un fournisseur de services, mais un ami. Les participants établissent de bons liens entre eux et ont des rapports plus élargis que ceux du travail. Le travail n'est pas censé être une corvée que vous devez compléter pour recevoir un chèque de paie. C'est ce que nous démontrons ici, et nous permettons aux clients d'en faire l'expérience à leur tour.

» Au bout du compte, ces nouvelles amitiés débouchent sur de bien meilleures relations que si nous restions juste des clients et un fournisseur de services.

— Est-il arrivé que ça n'ait pas fonctionné ? demanda Joe. Si je repense à mes années à titre de consultant, il y avait quelques ego gonflés, des gens qui voulaient que les choses se fassent à leur manière, ne serait-ce que pour faire la démonstration de leur pouvoir.

— DLGL s'éloigne des clients qui font partie des 5 % indésirables. Si le client n'adhère pas à notre vision, nous le laissons tomber, parfois dès la première ou la seconde rencontre.

La réponse fit sourire Joe.

— J'imagine que ça doit froisser les ego gonflés.

— Certainement, mais c'est leur problème, pas le nôtre, rétorqua Jacques en souriant à son tour.

De nouveau, il désigna l'espace devant eux.

— Une autre bonne raison d'emmener nos clients ici est que les compagnies n'ont pas toutes la même philosophie d'entreprise que nous. Ce ne sont pas tous les employeurs qui respectent leurs employés comme nous le faisons. Notre façon de procéder nous permet de conserver le contrôle dans notre propre cour. Nous pouvons nous assurer qu'aucune pression supplémentaire ne sera mise sur nos employés afin qu'ils travaillent de plus longues heures.

Jacques fit une courte pause.

— Ne vous méprenez pas, Joe. Nous sommes tout aussi dévoués envers nos clients que nous le sommes envers nos propres gens. En plus des raisons que je vous ai mentionnées, cette façon de faire offre un énorme avantage pour le client. En emmenant le client ici, nous nous assurons de toujours avoir les meilleurs éléments pour effectuer le travail.

— Je ne suis pas certain de saisir.

— Habituellement, dans notre marché, lorsque l'équipe des ventes conclut une entente pour un nouveau projet, le dossier est assigné aux consultants disponibles à ce moment-là. Ces personnes peuvent être ou non les meilleures. On leur confie le dossier uniquement parce qu'elles sont disponibles.

» Peut-être qu'elles ne connaissent rien au secteur d'activité du client, mais elles héritent tout de même du dossier. Peut-être qu'elles sont nouvelles ou sans expérience, car les autres compagnies affichent un taux de roulement du personnel moyen de 20 % par année, mais elles héritent tout de même du dossier.

» Ce n'est nullement efficace. C'est l'une des raisons majeures qui expliquent que plus de 60 % de ce genre de projets avortent. Après plusieurs années de travail, et des dizaines de millions de dollars investis, les gens échouent.

Il secoua la tête.

— Pas les nôtres. Nous ne souhaitons pas voir des gens investir des millions de dollars pour se retrouver au bout du compte dans une situation nullement améliorée. Alors, nous procédons différemment.

» Quand le projet se développe ici, nous pouvons, en tout temps, y intégrer quiconque de l'équipe DLGL. Parmi nos gens, certains ont réalisé des projets dans le domaine bancaire, d'autres, dans le transport ferroviaire, les mines, la loterie… Nous arrivons à relever des défis en une seule réunion, alors qu'ailleurs, il aurait fallu des mois.

Joe sourit.

— Et vous pouvez ainsi jouer au badminton !

Jacques sourit à son tour.

— Ou au hockey sur glace, si c'est jeudi !

Chapitre 22

— Vous jouez au hockey sur glace tous les jeudis ?

— Nous sommes au Canada, Joe ! D'aussi loin que je puisse me rappeler, j'ai tenu un bâton de hockey dans mes mains chaque semaine, si ce n'est pas chaque jour.

— Ne me dites pas que vous avez une patinoire ici même ?

Jacques éclata de rire.

— Non, nous louons un aréna à l'extérieur. Un jour, nous avons loué l'amphithéâtre où jouent les Canadiens de Montréal. Nous nous étions procuré une multitude de billets pour leur *match* en soirée, et nous avons donc joué sur leur patinoire plus tôt dans la journée. Durant la partie, en soirée, on a présenté, sur l'écran géant, quelques séquences de notre joute.

Jacques afficha un sourire.

— La plupart du temps, nous louons un aréna local. Tous les jeudis matin, de sept heures trente à neuf heures. Jouez-vous au hockey ? demanda-t-il à Joe.

Joe secoua la tête.

Chapitre 22

— Ça m'a toujours semblé trop froid sur les patinoires, répondit Joe. Et plutôt rude comme sport, si vous ne savez pas vous y prendre.

— Peut-être allons-nous vous inspirer à l'essayer, dit Jacques. L'équipement vous tient au chaud, ajouta-t-il en riant, et il amortit les chutes !

— Je m'en souviendrai, dit Joe.

— Nous avons même convaincu le restaurant de l'aréna d'ouvrir pour nous à la fin de nos joutes, ajouta Jacques. Nous jouons au hockey, nous prenons un petit-déjeuner et nous allons au bureau. Tout le monde est ici vers dix heures.

— Ça ne crée jamais de problème ?

— C'est possible, mais c'est une question d'imperfections acceptables ou non.

Joe sourit.

— J'ai lu un truc sur les imperfections dans votre *Grand petit livre des courriels*.

Jacques approuva d'un signe de tête.

— Permettez-moi de vous donner plus d'explications. Voici les trois choix que nous avons.

» Première option : nous ne jouons pas au hockey. Ça signifie que nous assurons notre présence au bureau dès neuf heures, tous les jeudis. Par contre, nous ratons une occasion de faire quelque chose que nous aimons. De plus, aucune camaraderie n'est favorisée et aucune énergie positive n'est engendrée. Ce n'est pas une bonne option.

» Deuxième option : nous louons l'aréna dans une plage horaire disponible en soirée. Je peux vous confirmer par expérience qu'avec les joutes de la ligue de hockey mineur, nous ne pourrions jouer avant vingt-deux heures trente. Plusieurs d'entre nous ne pourraient pas être disponibles à cause de leurs obligations familiales. Pour les autres, le temps de jouer la joute et de prendre une douche ensuite, il est déjà minuit passé. Comme tout le monde est gonflé à bloc après une joute, on doit décompresser autour d'un verre, ce qui nous amène au lit vers deux heures du matin. Et le lendemain, on se pointe au bureau à neuf heures, avec zéro énergie et une légère gueule de bois. Cette option nous permet d'être au poste à neuf heures et d'avoir nourri notre camaraderie, mais pour le reste, c'est plutôt moche.

» La troisième option, celle que nous avons retenue, semble la meilleure en comparaison des deux premières. Personne n'est retenu par des obligations familiales. C'est aussi une excellente façon de commencer la journée. L'énergie positive qui est produite nous suit toute la journée. Nous avons obtenu plus de temps pour jouer, car personne d'autre ne loue l'aréna aussi tôt le matin. Tout le monde prend un bon petit-déjeuner. La camaraderie est privilégiée. Le seul inconvénient, c'est la possibilité qu'une personne, dont l'expertise serait requise, soit absente.

Jacques regarda Joe en balançant la tête.

— Et c'est déjà arrivé. Une fois ! Une journée parmi les 52 semaines de chacune des 30 dernières années, nous avons eu 1 problème que seules 3 personnes chez DLGL pouvaient résoudre, et les 3 étaient sur la patinoire. Mais, comparée aux imperfections que les premier et deuxième choix auraient créées, celle-ci était préférable.

Jacques haussa les épaules.

Chapitre 22

— J'aime bien détailler les choses, Joe. Construisez bien et de la bonne façon, faites en sorte que chaque composante, que chaque ligne soit la bonne… Je réalise aussi que l'une des plus grandes erreurs que les gens font est de bâtir des systèmes dans un but de perfection au lieu de viser l'excellence.

» Les imperfections font partie de la vie, aucun doute là-dessus, et on ne peut s'y soustraire. Il vaut donc mieux choisir les imperfections que vous préférez de sorte que vous pouvez composer avec elles à votre convenance plutôt que de subir des imperfections soudaines et imprévues.

Chapitre 23

Joe était assis dans le bureau de Jacques. Le temps filait à vive allure. Il en était à sa cinquième journée chez DLGL.

Jacques terminait un appel téléphonique. En attendant, Joe réfléchissait à l'une de leurs conversations. Jacques avait expliqué à Joe sa vision du souci des détails. Pour Jacques, ça ne signifiait pas d'attendre que tout soit parfait avant de passer à l'action. Ça voulait plutôt dire, pour lui, de continuer à faire croître et à perfectionner ce sur quoi il travaillait déjà, ce qu'il avait déjà commencé, de sorte que ça continue à grandir constamment.

Ça rappelait à Joe le concept de la courbe ascendante de la vie que Thomas lui avait enseigné et que lui-même avait partagé à son tour avec bien d'autres. Ce rappel ramenait à Joe de nombreux souvenirs, en particulier, celui du dernier passage à la télévision de Thomas avant sa mort.

Joe essaya désespérément de sortir ces souvenirs de sa mémoire. Il savait quel état d'esprit accompagnait généralement ces douloureux rappels. Plus il tenta de les repousser, plus ils gagnaient en intensité. Avec eux venait le flot inexplicable d'émotions, de moments sombres et de sentiments dépressifs.

Chapitre 23

— Joe ? Joe ?

Joe secoua la tête et émergea du brouillard dans lequel il avait sombré. Pour un instant, il n'était pas certain de savoir où il se trouvait. Puis, il se ressaisit.

— Jacques… désolé.

— Ça va ? Vous sembliez en profonde réflexion.

— Oh… Je… C'est juste un souvenir qui m'est revenu en mémoire et auquel je n'avais pas pensé depuis un certain temps.

Jacques hésita. Au cours des cinq derniers jours, il avait remarqué que Joe entrait à l'occasion dans une sorte de transe pendant quelques minutes. Lorsqu'il en ressortait, il affichait toujours un air triste et il lui fallait un certain temps pour revenir réellement au moment présent. Jacques décida que le moment était venu de pousser un peu plus son investigation.

— Joe, nous avons considérablement parlé de DLGL au cours des derniers jours. Changeons de sujet quelques minutes. Parlez-moi de Derale Enterprises où vous travaillez. Comment ça se passe, chez vous ?

Joe prit le temps de rassembler ses esprits.

— Par où commencer…, soupira-t-il.

» Le cœur de notre culture d'entreprise est un concept appelé "les cinq grands rêves de vie". C'est un truc relativement simple, mais je peux vous dire par expérience que c'est immensément puissant.

— En quoi ça consiste ? demanda Jacques.

— Chaque jour, nous avons des choix à faire. Comment allons-nous utiliser notre temps, dépenser notre argent, investir nos énergies, sélectionner nos pensées ? La plupart des gens font ces choix *en mode* réaction. Quelqu'un, dans leur vie, dicte, séduit ou met une pression, et les personnes réagissent en conséquence.

» Toutefois, vivre et travailler de cette façon ne procure pas beaucoup de moments merveilleux. Vous finissez par emprunter la voie que d'autres souhaitent vous voir prendre. Par leur nature même, certaines personnes se sortent elles-mêmes de ce piège. Elles décident consciemment de mener leur vie selon la direction qu'elles choisissent.

» C'est l'essence du concept des cinq grands rêves de vie. Il vous invite à réfléchir sur les cinq choses prioritaires que vous voulez faire, voir ou vivre durant votre vie, puis à consacrer votre temps, votre énergie, votre argent, vos pensées et toute autre ressource à réaliser ces cinq choses.

Jacques approuva.

— Intéressant…

— Absolument. Et ça semble aussi tellement logique lorsque l'on en parle comme ça. Pourtant, lorsqu'ils prennent connaissance de ce concept, la plupart des gens réalisent pour la première fois qu'ils doivent décider de leur destination dans la vie, qu'ils ont le contrôle de leur propre existence.

» La vie, ce n'est pas réagir selon ce que des courriels, des bulletins de nouvelles, des textes, des conseils parentaux ou n'importe quelle autre source de connaissances vous disent de faire. La vie, c'est choisir ce que **vous** voulez faire.

Chapitre 23

» Dans la philosophie de Derale Enterprises, le concept des cinq grands rêves de vie est omniprésent. Que ce soit pour une promotion, une récompense, une nouvelle occasion à offrir à un employé, on se demande toujours si ça concorde avec la liste des cinq grands rêves de vie de la personne en question.

» Lors d'entrevues d'embauche, le concept des cinq grands rêves de vie fait partie intégrante des discussions. Si un candidat n'en comprend pas l'essence ou que le concept ne lui convient pas, alors il ne sera pas un bon élément au sein de notre organisation. Et si ses grands rêves de vie ne correspondent pas à l'emploi offert, nous n'aurons pas une association fructueuse avec lui.

Joe sourit.

— Vous vous rappelez que nous avons parlé des programmes sportifs que vous offrez ici ? À quel point la dynamique et les relations entre les gens se transforment lorsqu'ils jouent ensemble ?

Jacques fit signe à Joe qu'il suivait sa réflexion.

— C'est la même chose avec les cinq grands rêves de vie, reprit Joe, toujours souriant. J'adore voyager. C'est l'un de mes cinq grands rêves de vie. L'une de mes régions favorites est l'Asie du Sud-Est. Dans cette partie du monde, on retrouve une merveilleuse expression : *namasté*. L'essence de cette expression pourrait se traduire par "je vous vois". Ça ne signifie pas que je vous vois physiquement, mais plutôt que je vous vois réellement, que je vois votre essence, votre énergie et votre âme.

» Dans ma vision des choses, lorsque vos gens pratiquent un sport ensemble, c'est ce qui se produit. Les gens se voient vraiment les uns les autres. Il n'y a plus de "Tony du département d'assistance technique". Chacun devient réel, humain, vivant. Tous rient ensemble, partagent des expériences, jouent, créent des liens, célèbrent, "tentent"…

» La même chose se produit dans nos compagnies. Puisque nous nous regardons les uns les autres à travers la lentille des cinq grands rêves de vie de chacun, nous nous *voyons* constamment. Dans tout ce que nous faisons, disons, décidons, il y a cette connexion à ce qui compte vraiment pour nous dans la vie.

Joe haussa les épaules.

— J'ai appris, avec le temps, que la plupart des gens souhaitent donner un sens à leur vie et à ce qui en fait partie… des conversations significatives, des minutes même significatives… Ce n'est pas le désir qui fait défaut. Ce qui leur manque, c'est la voie pour que leur réalité de tous les jours ait un sens.

» Connaître leurs cinq grands rêves de vie et concentrer leurs ressources sur eux afin de les vivre, voilà une voie qui s'est avérée fort efficace pour que nos gens donnent un sens à leur vie et à leur travail.

Jacques observait attentivement Joe tout en l'écoutant. Il ne l'avait jamais vu aussi enthousiaste au cours des cinq derniers jours. Il parlait avec son cœur. Jacques eut le sentiment que c'était le bon moment pour amener Joe à s'ouvrir encore plus.

— Et comment avez-vous découvert Derale Enterprises, Joe ?

Chapitre 24

Joe réfléchit un instant. Son esprit errait. Il connaissait la réponse à la question de Jacques, mais chaque fois que lui revenait ce souvenir, il essayait de l'esquiver. Il ne fallut que quelques secondes pour que s'installe un silence et qu'un brouillard intérieur le bouleverse.

Joe regarda Jacques, puis il détourna le regard au loin. Son esprit combattait toujours le douloureux souvenir qui lui pesait lourd.

— Un matin, alors que j'attendais le train, j'ai rencontré le fondateur, Thomas Derale, finit-il par dire.

Il baissa les yeux qui commençaient à laisser voir des larmes. Il cligna rapidement des yeux et détourna le regard pour tenter de cacher l'émotion qui l'envahissait.

Jacques l'avait bien remarqué, cependant. En trente ans, il avait souvent été témoin de moments émotifs. Il avait eu de nombreuses discussions comme celle-là, seul avec une autre personne, assis dans les mêmes sièges que lui et Joe occupaient. Des annonces de mariage, de naissance, d'enfant qui entre au collège. D'autres conversations sur des sujets moins heureux: un conjoint ayant reçu un diagnostic de maladie grave, la mort d'un parent.

— En attendant un train? demanda Jacques dans le but d'aider Joe à composer avec ses émotions. Ça semble être une belle histoire.

Joe regarda Jacques. Et pour la première fois depuis longtemps, il n'essaya pas de repousser le souvenir de sa rencontre avec Thomas. Il approuva, plutôt.

— Hum, hum… En attendant un train par un froid matin d'hiver. Nous étions de parfaits étrangers. Il m'a demandé si je trouvais que c'était une belle journée de musée. Je n'avais aucune idée de ce qu'il voulait dire. Jamais je n'aurais pu imaginer que j'allais alors apprendre le concept des cinq grands rêves de vie ni que je travaillerais pour cet homme, raconta Joe. Jamais !

— Quelle est la signification de la *journée de musée* ? demanda Jacques.

Joe fixa le coin de la pièce. Un autre souvenir surgissait dans son esprit. Celui de promener Thomas en fauteuil roulant dans son propre musée, un peu avant son décès. À sa grande surprise, Joe n'essaya pas de rejeter ce souvenir.

Joe ramena son regard vers Jacques. Il remua légèrement la tête pour revenir à l'instant présent.

— C'est un autre concept que Thomas créa dans ses entreprises. Une autre façon de vous permettre de considérer différemment ce que nous faisons quotidiennement.

» Thomas me l'a expliqué lors de notre deuxième rencontre, dans un train, une fois de plus, une semaine après notre première rencontre. Le concept est tout aussi simple que celui des cinq grands rêves de vie, et tout aussi profond !

Le souvenir de la visite avec Thomas du musée de vie de ce dernier revint de nouveau à l'esprit de Joe. Il pouvait revoir les images, les expositions, la plaque murale sur laquelle le message ultime de Thomas à tous ceux avec qui il avait travaillé…

Chapitre 24

— Imaginons que chaque jour de notre vie est enregistré, commença Joe. Supposons qu'à la fin de notre vie, les sentiments que nous avons éprouvés, les gens que nous avons rencontrés, la façon dont nous avons utilisé notre temps fassent partie d'un musée. Ce dernier exposerait exactement la manière dont nous avons vécu notre vie. Si 80 % de notre temps était consacré à un emploi que nous n'aimions pas, alors 80 % de notre musée nous montrerait malheureux dans un boulot que nous détestions.

» Si nous étions amicaux avec 90 % des gens avec qui nous étions en relation, le musée le montrerait. Mais, si nous étions colériques ou furieux ou si nous haussions le ton envers 90 % des gens que nous côtoyions, le musée le montrerait aussi.

» Si nous aimions être dans la nature ou passer du temps avec nos enfants ou célébrer des moments importants de la vie avec notre conjoint, mais que nous n'y accordions que 2 % de notre temps, alors seulement 2 % de notre musée le refléterait, peu importe que nous ayons souhaité que ce soit autrement.

» Imaginons quels seraient nos sentiments en arpentant notre propre musée à la fin de notre vie. Comment nous sentirions-nous en sachant que, pour le reste de l'éternité, ce musée dicterait comment les gens se souviendraient de nous ? Chaque personne qui le visiterait nous connaîtrait exactement comme nous étions réellement. Notre héritage serait basé non pas sur ce que nous rêvions de faire, mais bien sur comment nous avons vécu.

» Maintenant, imaginons que le paradis, ou l'après-vie, ou peu importe le nom que nous lui donnons ou la compréhension que nous en avons, consiste tout simplement à être le guide accompagnateur de notre propre musée... pour l'éternité !

Joe avait partagé le concept de la journée de musée tant de fois sur la scène, utilisant les mêmes mots qu'il venait de prononcer.

En les répétant à Jacques, son esprit était assailli de tellement de souvenirs. Toutes ces fois où il avait partagé la scène avec Thomas, assisté à des évènements ou ri avec lui lors des séminaires *Rends-moi meilleur*.

— C'est un puissant concept, dit Jacques à voix basse.

Joe approuva.

— Thomas vous manque, n'est-ce pas ? demanda Jacques.

Les larmes montèrent de nouveau aux yeux de Joe. Il cligna rapidement des yeux et regarda ailleurs.

Les deux hommes restèrent silencieux quelques minutes.

— Il était mon meilleur ami, finit par dire Joe. Ce qu'il m'a appris a changé ma vie pour toujours. Je n'aurais pas la vie que j'ai, je ne verrais pas la vie comme je la vois s'il n'avait pas été là.

Joe secoua la tête.

— Il y a un peu plus d'un an, Thomas et moi avons animé un évènement lors d'une réunion entre nos compagnies. À la fin, nous nous sommes donné la main en nous disant « à bientôt », et je suis parti en voyage. Deux mois plus tard, Maggie m'informait par courriel que Thomas était malade. Quelques mois… et il était parti, comme ça.

Les yeux de Joe étaient remplis de larmes. Il regarda de nouveau ailleurs.

— Il n'avait que 52 ans, reprit-il en secouant légèrement la tête. Je ne sais pas pourquoi, mais… [Joe secoua la tête de nouveau] je n'arrive pas à passer à travers son absence. J'essaie, vraiment…

Chapitre 24

Je donne des conférences, j'accorde des entrevues. Tout ce qui me semblait si extraordinaire...

Jacques demeurait silencieux et compatissant. Il écoutait et observait Joe.

Ce dernier leva les yeux vers un coin de la pièce.

— Lorsque j'ai appris que Thomas allait mourir, je ne l'ai pas cru. Il était la "vie" personnifiée ! Il se connectait facilement aux gens et les faisait sentir spéciaux. Dans les réunions, il était toujours celui qui apportait une énergie et un éclairage sur les situations. Peu importe le défi que présentait une situation, il trouvait toujours une perspective amusante, ou même ridicule, ou encore vraiment inspirée pour l'affronter.

» Lui, Maggie et moi avons voyagé ensemble et j'ai pu constater leur incroyable relation de couple. Le genre que vous voyez dans les films, le genre "presque trop beau pour être vrai". Ils avaient ce type de relation.

Joe fit une pause, puis reprit ses confidences.

— Lorsque j'ai appris qu'il allait mourir, je suis resté auprès de Maggie et lui. J'ai essayé d'être utile du mieux que je le pouvais. Chaque matin, j'espérais descendre à la salle à manger et le trouver en pleine forme. Je souhaitais que toute cette histoire ne soit qu'un mauvais rêve et je désirais me réveiller. Mais, ce n'était pas un rêve.

Joe regarda Jacques.

— Il y eut une majestueuse célébration en son honneur. Ses compagnons de voyage de toutes les sphères de sa vie, des amis, des collègues, des clients, des fournisseurs, tous ont travaillé d'arrache-pied lorsque ce fut évident que la fin approchait pour Thomas, et lui ont bâti l'incroyable musée de sa vie.

Joe détourna le regard une fois de plus. Les émotions étaient trop intenses. Malgré ses efforts pour les retenir, les larmes roulaient sur ses joues.

— Lorsque la célébration fut terminée, Thomas et moi avons de nouveau arpenté son musée. Sa maladie était à un stade si avancé qu'il n'arrivait plus à marcher. Je le déplaçais en fauteuil roulant à travers les pièces du musée. Je l'ai observé faire ses adieux.

Joe essuya ses larmes.

— C'est à ce moment que la réalité m'a rattrapé. Mon meilleur ami était vraiment mourant.

Il remua la tête.

— Quelques jours plus tard, il était parti.

Joe resta silencieux quelques instants.

— Et peu importe à quel point j'essaie de prétendre que tout va bien et que je vais bien, peu importe si j'essaie de remettre ma vie sur ses rails…

Il secoua la tête.

— … rien n'est plus comme avant, rien n'a de sens comme avant.

Chapitre 25

Cette nuit-là, Joe n'a pas beaucoup dormi. Après la conversation au sujet de Thomas, Jacques et lui avaient décidé que la journée était complétée. Jacques lui avait aussi recommandé de prendre du repos et de revenir chez DLGL l'après-midi suivant.

Joe était retourné à son hôtel et avait fait une longue marche. Des heures plus tard, de retour à son hôtel, il se sentait aussi vide intérieurement que lorsqu'il avait quitté le bureau de Jacques.

Il avait l'impression qu'un poids lui écrasait la poitrine sans qu'il puisse s'en débarrasser, peu importe ses efforts.

Le matin suivant, il avait toujours la même impression, tout comme à l'heure du *lunch*. Il pensa appeler Jacques et lui dire qu'il était désolé, mais qu'il n'était pas en mesure de finir l'entrevue. Mais, cette option ne lui apportait aucun soulagement.

Lorsqu'il arriva aux bureaux de DLGL, tôt dans l'après-midi, Joe fut accueilli par la directrice des premières impressions. Elle lui sourit et le salua. Joe lui sourit en retour, mais il se sentait toujours aussi vide. Même son sourire était vide.

Jacques avait observé Joe marcher du stationnement à la porte de l'édifice.

« Est-ce que je vais un peu plus loin ou si je fais marche arrière ? », se demanda-t-il.

Il voyait bien que Joe n'avait pas dormi. Il avait des cernes et des poches sous les yeux, même si la journée était largement entamée.

Lorsque Joe frappa à la porte de son bureau, Jacques le regarda et prit sa décision.

— Bonjour, Joe, lui dit-il en souriant. Entrez.

Joe pénétra dans le bureau et s'assit.

Les deux hommes gardèrent le silence quelques minutes. Puis, Jacques s'avança sur sa chaise.

— Hier, vous m'avez confié une partie de votre histoire, Joe. J'ai apprécié votre confiance. Il faut une bonne dose de courage pour s'ouvrir ainsi à une autre personne. Surtout si l'on connaît cette personne depuis peu.

Jacques prit une pause pour permettre à ses paroles de toucher le cœur de Joe.

— Aujourd'hui, reprit-il, j'aimerais vous raconter une histoire à mon tour. Elle concerne DLGL, alors je crois qu'elle vous sera utile pour la rédaction de votre article. Elle parle d'amitié et je crois qu'elle vous sera utile dans votre vie, actuellement.

Joe accepta d'un signe de tête. Il ne savait quoi dire.

— Allons marcher, proposa Jacques.

Il se leva et conduisit Joe dans un grand et très joli hall. Joe n'avait pas encore eu l'occasion de le visiter. D'un côté du hall, de grandes fenêtres laissaient entrer la lumière et offraient une magnifique vue sur la forêt qui bordait l'édifice. De l'autre côté, de nombreuses photos étaient affichées au mur.

Chapitre 25

Joe s'immobilisa devant l'une des premières photos. On y voyait une maison surplombant une rivière. Deux hommes se tenaient debout devant la maison.

— Est-ce vous ? demanda Joe.

— Beaucoup plus jeune, à l'époque, confirma Jacques en souriant. C'est une photo du premier bureau de DLGL.

— Une maison ?

— Nous avons commencé là. Lorsque la maison fut devenue trop petite pour notre croissance, nous avons acheté celle d'à côté et avons travaillé à partir des deux. Puis, deux maisons ne suffisaient plus. Nous avons donc acheté la suivante et avons travaillé à partir des trois.

Jacques sourit.

— Tout le monde laissait ses clés de voiture dans le démarreur. Lorsque vous deviez sortir, vous pouviez déplacer n'importe quelle auto qui vous en empêchait.

Joe observait les différentes photos des maisons et des gens photographiés devant.

— Vous avez déménagé de là à ici ?

— Avec le temps, oui. Puis, nous avons presque tout perdu et avons dû recommencer, dit-il en haussant les épaules. Nous sommes passés très près de la faillite, mais nous l'avons évitée. Et nous voici, aujourd'hui, plus forts que jamais.

Joe examina un peu plus les photos.

— Qui est-ce, à vos côtés, devant la maison ?

— Claude Lalonde. Lui et moi sommes les deux « téméraires » qui ont fondé DLGL.

— C'est une photo de lui que vous avez dans votre bureau, n'est-ce pas ? demanda Joe. Le portrait sur le mur...

Jacques dodelina de la tête. Il pointa la photo que Joe fixait déjà.

— Claude et moi nous sommes rencontrés une dizaine d'années avant que cette photo fut prise. Nous nous sommes connus à l'époque où j'avais investi dans une compagnie pour laquelle Claude était responsable des systèmes informatiques. Avec le temps, je suis devenu le directeur financier de la compagnie, tandis que Claude avait décidé d'y investir de l'argent et de devenir lui aussi actionnaire. Ce fut le début de notre collaboration.

Jacques sourit.

— Nous nous entendions très bien, lui et moi. Nous avions les mêmes visions des affaires, du moins, la plupart du temps. Nous prenions des décisions au même rythme, ce qui est très important. Surtout, nous nous estimions et nous respections l'un et l'autre. Nous nous sommes d'abord connus sur le plan professionnel, mais nous sommes devenus des amis parce que nous nous entendions à merveille.

» Lorsque la compagnie en question cessa ses activités, nous sommes restés en lien, Claude et moi. Il se pointait chez moi tous les matins et nous faisions notre jogging ensemble, se remémora Jacques en riant. Un jour, j'eus une idée plutôt folle pour une nouvelle compagnie. Claude et moi avons réuni l'argent dont nous disposions – mille cinq cents dollars en tout – et l'avons investi dans ce nouveau projet. Malheureusement, cette compagnie ne fit pas long feu, avoua-t-il, toujours en riant.

Chapitre 25

» Puis, un jour, la quatrième génération de langage de programmation informatique a fait son apparition. Claude en était très enthousiaste. Il avait passé des années à approfondir les systèmes de paie informatisés pour de grandes compagnies. Il avait le sentiment que cette quatrième génération de langage de programmation fournirait enfin les outils pour bâtir les systèmes dont les gens avaient besoin. Il avait déjà imaginé ces systèmes, et là, il voyait une façon de les réaliser.

» Il savait que c'était majeur comme potentialité. Il est venu me voir et m'a dit : "Faisons-le." C'est ainsi que démarra DLGL. Claude a commencé à développer la technologie et moi, le modèle d'affaires. À l'époque, j'avais monté une petite "boîte" de consultation en *management*. J'avais une femme et trois enfants à nourrir. J'ai donc conservé pendant un temps le service de consultation au cas où Claude et moi ferions la preuve que nous étions dingues ! Je travaillais donc à DLGL les soirs et les fins de semaine.

— De toute évidence, vous n'étiez pas dingues, dit Joe.

Jacques remua légèrement la tête.

— Non. Claude avait vu juste, reconnut-il, mais ce ne fut pas une mince tâche de nous rendre à ce que vous voyez aujourd'hui, ajouta-t-il entre des éclats de rire.

Joe avança un peu le long du mur. Il y avait un contrat dans un cadre.

— Votre premier client ?

Jacques fit signe que oui.

— Pour débuter, nous avons approché les gens que nous connaissions et qui nous connaissaient aussi grâce à nos emplois précédents.

Ce fut un bon commencement. Nous n'avions pas une grosse équipe ni une grande marque de commerce, mais notre expertise dans les systèmes de paie informatisés était si importante que la taille de l'entreprise n'avait pas d'incidence.

» Un jour, nous étions à une réunion d'affaires de Nortel. À l'époque, c'était une imposante compagnie. Elle comptait au moins trente mille personnes dans ses rangs, alors que nous étions quatorze chez DLGL. Nous étions devant quelques dirigeants. Soudain, le directeur financier nous dit : "Pourquoi Nortel négocie-t-elle avec une entreprise de quatorze personnes installée sur le bord d'une rivière à Montréal ?"

Jacques sourit.

— Il ne savait pas en plus que ces quatorze personnes travaillaient dans une maison !

Joe éclata de rire.

— Que lui avez-vous dit ?

— La vérité ! Je lui ai dit que nous étions la plus grande compagnie disponible pour le mandat et que nous avions la meilleure expertise. Ce fut suffisant. Il a opté pour nos produits et services. Ce contrat nous a permis de passer à 22 ou 23 employés.

Joe avança encore un peu plus le long du mur. Il vit une photo d'un avion arborant une immense feuille d'érable rouge et les mots *Air Canada*.

— Un autre client ? demanda-t-il.

— Oui. Un moment important dans l'histoire de la compagnie, répondit Jacques.

Chapitre 26

Jacques s'avança vers la photo de l'avion.

— Jusque-là, nous n'avions pas vraiment de stratégie pour courtiser des clients. Nous faisions du bon travail, les gens en parlaient et nous obtenions des contrats.

» Air Canada avait publié une demande de proposition de service. À ce moment-là, DLGL existait depuis treize ans et avait une bonne réputation. Nous avons répondu à la demande de proposition et obtenu le contrat. Notre proposition reposait sur le fait que nous étions les experts des systèmes de paie et de pension ainsi que des ordinateurs : "Dites-nous ce dont vous avez besoin et nous le développerons, peu importe le type de programmation que vous désirez."

Jacques haussa les épaules.

— Air Canada fut le dernier client à qui nous avons fait une telle offre.

— Qu'est-il arrivé ?

— Après avoir travaillé avec cette compagnie pendant dix-huit mois en développement de systèmes, nous avons reçu une lettre nous informant qu'elle annulait le projet. Elle se confondait en excuses, affirmant que la décision n'avait rien à voir avec nous et qu'elle avait beaucoup apprécié notre travail. Elle nous offrait de rédiger une lettre de recommandation à cet effet. Elle nous confiait que les budgets avaient été resserrés, que les affaires avaient ralenti et qu'elle ne pouvait plus financer le projet.

Jacques haussa de nouveau des épaules.

— Cette compagnie représentait presque la totalité de nos entrées d'argent! Et, comme ça, bêtement, elle arrêtait tout!

Joe avança légèrement, observant toujours les photos et tentant de retrouver le fil des évènements à travers elles.

— Vous étiez installé dans cet édifice à ce moment-là, non? demanda-t-il en pointant l'une des photos.

— Tout juste, précisa Jacques. Nous n'étions ici que depuis huit mois lorsque nous avons reçu la lettre d'Air Canada.

— Wow!

— Wow, en effet! Après treize ans, nous étions à une conjoncture critique de l'existence de la compagnie. Tout ce que nous avions bâti risquait de s'envoler.

Jacques fit quelques pas et pointa une photo d'un banc de fer forgé et de lattes de bois. Le banc était situé sur un promontoire, entouré de grands arbres et surplombant une rivière.

— En plus de travailler dans les deux maisons, Claude avait emménagé dans l'une d'elles et ma famille et moi, dans l'autre. À mi-chemin se trouvait ce banc, celui que vous voyez sur la photo. Claude et moi nous y retrouvions presque chaque soir pour discuter.

Chapitre 26

Nous faisions alors le point sur les affaires, peu importe les défis que nous devions affronter, et sur nos vies.

» Après avoir reçu la lettre d'Air Canada, nous avons eu une longue discussion sur ce banc. Nous avions d'importantes décisions à prendre. Nous aurions pu fermer la compagnie, vendre l'édifice et nous retirer, si ce n'est pour le reste de nos jours, du moins pour une très longue période. Les affaires avaient été rentables jusque-là et nous avions eu la sagesse de mettre des économies à l'abri.

» Notre plus gros investissement était la bâtisse et nous savions que nous pourrions la vendre facilement.

— Avez-vous envisagé cette option ? demanda Joe. Vendre la bâtisse et vous retirer ?

— En quelque sorte, dit Jacques en riant.

— Que voulez-vous dire ?

— Il y a plusieurs éléments qui font que deux personnes sont de bons partenaires d'affaires. L'un d'eux est la similarité dans le rythme de la prise de décision. Lorsque ce rythme est synchronisé, les deux partenaires peuvent travailler longtemps ensemble. Dans le cas contraire, ça devient rapidement pénible. Claude et moi étions parfaitement synchronisés dans nos prises de décisions.

» Lorsqu'est venu le temps de décider de l'avenir de la compagnie, nous nous sommes assis sur le banc et avons discuté de nos options. Puis, Claude, à sa façon typique, posa quelques drôles de questions philosophiques : "Pour l'amour du ciel, que ferons-nous de notre temps si nous nous retirons ?"

» Je lui donnais une réponse et il revenait à la charge : "Et après ?" Une autre réponse... "Et après ?"

» Nous avons réalisé à quel point nous aimions ce que nous faisions. La plupart des gens rêvent à leur retraite afin de pouvoir faire ce qu'ils aiment. Claude et moi faisions déjà ce que nous aimions.

Jacques se mit à rire.

— Claude fit remarquer à quel point notre situation représentait une belle occasion. Aucun client! Quelle possibilité! C'était un excellent moment pour regarder devant, non derrière. À partir de là, nous avons considéré tout ce que nous avions appris et commencé à faire les choses de la bonne façon.

— C'est-à-dire?

— C'est-à-dire ne plus être une compagnie de services réalisant tout ce que quiconque désire, mais une compagnie offrant un produit. Nous créerions un produit incroyable que toutes les compagnies désireraient et dont elles auraient besoin. Un merveilleux système que nous pourrions offrir pendant des décennies.

Jacques sourit en repensant à ce moment.

— Claude m'a demandé si nous pouvions nous le permettre financièrement. Je lui ai demandé en retour combien de temps il nous faudrait pour créer le produit qu'il avait en tête. « Trois à quatre mois », avança-t-il. C'était bien Claude ! « Donc, ai-je repris, on peut dire huit à neuf mois. » « Oh, c'est amplement de temps », répondit Claude.

— Et combien de temps vous a-t-il fallu?

— Plus d'une année.

Jacques sourit en regardant au loin, plongé dans ses souvenirs.

Chapitre 26

— Lors de notre discussion sur le banc, je lui ai dit : « Disons que nous allons de l'avant avec cette idée. Nous avons l'argent qui est déjà dans la compagnie, nous avons la bâtisse et nous avons nos avoirs personnels. Si les choses ne tournent pas bien, viendra un moment où nous aurons épuisé les liquidités de la compagnie, mais il nous restera l'édifice et nos avoirs personnels. Si les choses continuent à ne pas fonctionner comme nous le souhaitons, nous épuiserons les capitaux de l'édifice et nous le perdrons. Puis, la prochaine étape sera la perte de nos maisons, de nos fonds de pension et tout le reste. Nous devons nous entendre pour nous rencontrer à chacune de ces étapes critiques et nous demander de nouveau si continuer est la bonne chose à faire. »

Jacques sourit de nouveau.

— Et voilà, la décision était prise. Nous sommes restés un moment sur le banc à discuter de choses et d'autres et à rire. C'est tout.

— Vous avez risqué gros, remarqua Joe. Vous deviez vraiment avoir confiance en Claude.

Jacques approuva.

— Si vous deviez aller à la guerre avec une personne, Claude était celui avec qui vous vouliez être. Vous saviez que peu importe ce qui arriverait, il serait là pour vous. Et vous pour lui.

Chapitre 27

Joe poursuivit sa découverte des photos sur le mur du hall. L'une d'elles montrait un chèque du gouvernement provincial.

— Était-ce le premier client pour votre nouveau logiciel ?

Jacques secoua la tête.

— Ce client a été notre bouée de sauvetage alors que nous nous apprêtions à couler.

» Le lendemain de notre décision d'aller de l'avant, Claude et moi avions nos trois personnes les plus importantes dans l'entreprise. Nous leur avons demandé quel serait, selon elles, le groupe optimal à conserver afin d'épargner notre capital et de réaliser le logiciel que Claude avait en tête. Nous avions alors une équipe de 35 personnes.

» Nous savions aussi que nous aurions besoin de compétences différentes pour devenir ce que nous envisagions d'être. Cet aspect faisait aussi partie de nos considérations. La décision finale fut de réduire l'équipe à 21 personnes, ce qui signifiait que les 14 autres allaient perdre leur emploi.

— Ce n'est jamais une expérience agréable à vivre, dit Joe.

— Oh ! Non ! Claude a réuni les 21 personnes qui conservaient leur emploi, j'ai réuni les autres. Nous leur avons expliqué, en même

Chapitre 27

temps, la situation et ce que nous avions décidé de faire. Leur implication dans la compagnie n'avait rien à voir avec la décision. C'était la seule option si nous voulions survivre. J'ai dit à mon groupe qui si les choses s'amélioraient rapidement et que leurs compétences comblaient encore les besoins de la compagnie, nous essayerions de les ramener chez DLGL.

Jacques secoua la tête.

— Le plus pénible fut de rencontrer les gens individuellement après la réunion de groupe. Il n'y avait rien d'autre à dire que ce qui avait été dit en groupe, mais on essaie toujours de faire comprendre à chacun à quel point on aurait aimé que les choses se passent différemment.

Il regarda Joe.

— Lorsque toutes les rencontres individuelles furent complétées, je suis resté un moment dans mon bureau. Vers dix-neuf heures, quelqu'un est venu me dire que je devais aller au bar du coin retrouver tout le monde. "Tout le monde ?", lui ai-je demandé. "Tout le monde", a-t-il répété.

» Et il avait raison. Tous ceux qui restaient, tous ceux qui partaient… Ils étaient tous là. Lorsque je les ai vus, tous réunis, ça m'a sonné. Il y avait une si belle cohésion au sein de ce groupe. Chacun était tellement important pour les autres.

Jacques marqua une pause. Joe nota que l'émotion était toujours présente, même après toutes ces années.

— En les voyant tous ensemble, je me suis demandé ce que nous avions fait, reprit Jacques en secouant la tête. Nous sommes restés au bar jusqu'à cinq heures du matin. Tout le monde a bu et pleuré, puis ri et pleuré de nouveau.

— Avez-vous réengagé certains d'entre eux ?

— Quelques-uns. Certains étaient passés à autre chose entre-temps. Et les compétences de certains autres ne correspondaient plus à ce dont nous avions besoin.

Jacques fixait les photos sur le mur.

— Si vous observez profondément et si vous êtes vraiment honnête avec vous-même, vous comprenez que ce genre de situations vous enseigne vos plus grandes leçons. Je me rappelle que lors de l'une de nos premières réunions après notre décision, j'avais dessiné un temple avec une seule colonne. Il représentait notre situation à l'époque d'Air Canada. Puis, j'avais dessiné un autre temple avec plusieurs colonnes. C'était vers où nous nous dirigions.

» Notre sécurité allait désormais reposer sur deux aspects. Premièrement, nous nous assurerions d'avoir une banque de clients diversifiée. Deuxièmement, nous mettrions en place des choses comme des revenus récurrents, ce que nous n'avions pas avant. L'expérience nous avait forcés à revoir tout notre modèle d'affaires.

» Auparavant, nous aurions créé un produit, le client l'aurait utilisé quelques années, puis s'en serait débarrassé. Terminée, cette façon de faire. Nous voulions collaborer avec nos clients pendant des décennies.

Jacques désigna du doigt une photo d'un pilier et d'un temple sur le mur.

— C'est pour nous rappeler cette époque et ce que nous en avons compris. C'est maintenant reconnu dans toute la compagnie. Les gens y font encore référence… Le pilier et le temple !

— Pourquoi ça m'arrive ? pensa Joe tout haut.

Chapitre 27

Jacques le regarda, intrigué.

— Ça fait partie de notre culture d'entreprise, expliqua Joe. C'est très puissant, en affaires comme dans la vie. Lorsque les choses évoluent dans une direction différente de celle que nous souhaitions, il est tentant d'adopter la mentalité de victime : "Pourquoi ça m'arrive, à **moi** ?"

» Les mêmes mots, mais prononcés sur une intonation différente, changent la perspective et, du coup, les réponses. Nous nous mettons au défi les uns les autres et nous-mêmes en nous demandant : "**Pourquoi** ça m'arrive ?"

» Ce subtil changement déplace le *focus* de l'état de victime à celui de chercheur. "Qu'est-ce que je peux apprendre ? Quelle compréhension puis-je en tirer ?"

Jacques approuva d'un signe de tête.

— J'adore ça. C'est tellement vrai. Notre expérience avec Air Canada nous a permis de devenir la compagnie que nous sommes aujourd'hui. Nos piliers sont solides, tout comme nos ressources financières. Notre produit est remarquable. Nos clients font affaire avec nous depuis très longtemps… Nous avons transformé ce qui semblait être une fin en un nouveau départ.

Joe regarda de nouveau le chèque du gouvernement provincial sur le mur.

— Vous avez mentionné que ce chèque avait été la bouée de secours qui vous a sauvé d'un naufrage financier. Êtes-vous passé si près de la faillite avec la relance de la compagnie ?

— Vous vous souvenez des points critiques que j'ai mentionnés auparavant ?

Joe fit signe que oui.

— Nous les avons tous traversés. Nous étions à deux semaines de manquer complètement d'argent.

Chapitre 28

Jacques regarda Joe qui attendait plus d'explications.

— Au premier point critique, nous avions épuisé toute la liquidité dont disposait la compagnie. Puis, nous avons hypothéqué la bâtisse au maximum. Nous avons ensuite vendu tous nos actifs et fait ce que nous pouvions avec nos fonds de pension.

Jacques baissa les yeux, puis regarda Joe à nouveau.

— Un jour, Louise, mon adjointe à cette époque, vint dans mon bureau. Elle avait parlé avec son mari, la veille, et ils offraient de nous prêter cinq mille dollars afin de nous aider à poursuivre. C'était une somme considérable pour eux.

Les yeux de Jacques s'embrouillèrent de larmes alors qu'il se remémorait cet épisode. Il détourna le regard.

Joe prit le temps de saisir toute la portée de l'histoire, puis reprit la parole.

— C'est stupéfiant. Que lui avez-vous dit ?

Jacques prit le temps de reprendre ses esprits, puis secoua la tête.

— J'ai pleuré… Le niveau de stress était extrêmement élevé, je crois. Et elle devait être consciente qu'il y avait un risque réel de ne jamais retrouver cette somme. Au fond, cinq mille dollars ne faisaient pas une réelle différence, mais Louise voulait aider. Elle et son mari ! Et je le répète, pour eux, cette somme représentait beaucoup d'argent.

Il regarda Joe.

— C'est un geste duquel je suis encore reconnaissant aujourd'hui. Elle avait confiance en nous et voulait faire tout ce qu'elle pouvait pour nous aider.

— Elle travaille toujours ici, n'est-ce pas ? demanda Joe. C'est la Louise que j'ai rencontrée plus tôt.

Jacques fit signe que oui.

— Oh ! Oui ! « Mon patron » ! ajouta-t-il en souriant.

— Ainsi, vous étiez à deux semaines près de manquer d'argent. Et c'est à ce moment qu'arriva ce chèque ?

Jacques fit signe que oui à nouveau.

— Nous avions fait une réclamation un an plus tôt pour un remboursement d'impôts payés. Et comme sorti de nulle part, le chèque arriva à ce moment.

— Il vous a permis de tenir longtemps ? demanda Joe.

— C'était une sacrée somme. On a tenu le coup durant cinq mois supplémentaires. Puis, nous étions sur le point de manquer d'argent de nouveau.

Joe n'en revenait pas.

Chapitre 28

— Vous étiez devant des décisions importantes. Vous étiez un père, un mari… Tous vos avoirs personnels s'étaient envolés. Qu'est-ce qui vous a incité à poursuivre ?

— Nous avions confiance en ce que nous faisions. L'avenir de la compagnie n'était possible qu'en suivant la direction que nous avions choisie. Nous le savions. Nous devions nous appuyer sur notre produit. Nous savions que nous possédions les compétences pour y parvenir, car nous avions une formidable équipe.

» De plus, nous étions en train de créer un merveilleux produit. Et il l'est encore aujourd'hui, même à sa huitième génération.

Jacques secoua légèrement la tête.

— C'est ce que nous faisions, ce que nous étions ! Nous bâtissions des systèmes. Et celui-là en était tout un. Il n'y avait rien de comparable sur le marché. C'était encore plus important que l'argent.

Il haussa les épaules en poursuivant.

— Par-dessus tout, 21 personnes avaient accepté de relever le défi avec nous. Elles retournaient à la maison ou sortaient avec des amis et se faisaient dire de démissionner de notre compagnie avant que tout le monde soit congédié et à la recherche d'un emploi, mais elles sont restées avec nous. Elles ont accepté la proposition que nous leur avions faite et elles ont poursuivi.

» Elles n'ont pas quitté le navire. Alors, il était hors de question que Claude et moi quittions le navire avant quiconque. Absolument hors de question ! Ces personnes qui avaient choisi de rester avec nous prenaient un risque personnel, elles aussi. Elles tenaient parole, nous allions tenir la nôtre aussi.

» Claude était un homme fier, tout comme moi. Montrez-moi un homme fier et je vous montrerai quelqu'un en qui vous pouvez avoir confiance. Ces personnes nous faisaient confiance, et nous allions poursuivre jusqu'au bout ou périr.

— Par chance, vous vous en êtes sortis, dit Joe.

Jacques secoua la tête.

— Nous avons été chanceux de nouveau. Incroyablement chanceux.

Chapitre 29

Jacques désigna une photo sur laquelle des gens célébraient.

— À cette époque, dit-il, IBM était manufacturier dans le domaine de l'informatique. IBM avait une filiale appelée "Celestica". Ces compagnies fabriquaient beaucoup de composantes électroniques. IBM se départait de Celestica et cette cession devait se faire au 31 décembre de cette année-là.

» L'entente spécifiait que toutes les dépenses effectuées avant cette date relevaient de IBM, tandis que celles comptabilisées par la suite seraient sous la responsabilité de Celestica. Alors, les gens de Celestica ont acheté tout ce dont ils pensaient avoir besoin pour poursuivre leurs activités avant la date fatidique, incluant des systèmes et des logiciels. Et l'un de ces produits fut le nôtre – le VIP.

» À ce moment-là, le VIP venait tout juste de sortir du four, si l'on peut dire. En fait, il était encore au four. Il avait encore pas mal d'ajustements à subir.

Jacques éclata de rire.

— Parmi toutes les compagnies au monde à qui nous n'aurions jamais pensé vendre un logiciel « à venir », il y avait IBM. Et on le lui a pourtant vendu. Si les circonstances n'avaient pas été si dramatiques pour nous, ça aurait été très drôle.

Il sourit en repensant à cette vente.

— Lorsque nous avons signé cette entente, c'était Noël pour nous, je peux vous l'assurer. Et même pendant les mois suivants. Le téléphone sonna en janvier. Quelqu'un entra dans mon bureau : « Le client vient d'appeler. Il veut une liste de rapports. » « Ah, oui, des rapports, dis-je, nous avons besoin de rapports. D'accord, voyons ce que nous avions fait pour Air Canada et ce que nous pouvons en récupérer. »

Jacques affichait toujours son sourire.

— Il y avait un enthousiasme et une énergie incroyables dans les bureaux de DLGL durant cette période. Nous étions constamment *en mode* création. En y repensant, ce fut même une bonne chose que Celestica achète notre système au stade où il était rendu. Nous l'avons ajusté exactement selon les besoins du client et nous sommes partis de cette version pour pousser le logiciel encore plus loin.

» Claude avait une expression bien à lui : "Moments passionnants !" Chaque fois que nous traversions des périodes comme celle suivant la vente de notre premier logiciel, où vous pouviez apercevoir un avenir extraordinaire et aviez hâte de le concrétiser, Claude répétait : "Moments passionnants !" Et dans la vie de DLGL, il y en a eu, des moments passionnants.

Chapitre 30

Joe continua à se promener dans le hall en examinant les photos sur le mur. Quelque chose le *chicotait*. Au début, il n'arrivait pas à saisir ce que c'était. Soudainement, tout devint évident. En regardant les photos des différents évènements, les rassemblements, les moments heureux de la compagnie, Claude n'apparaît plus à un moment donné.

Joe hésita. Son cœur s'accéléra. Il voulait poser la question à Jacques, mais en même temps, il ne voulait pas savoir la réponse. Il finit par oser.

— Qu'est-il arrivé à Claude ?

Jacques fit un signe de la tête. Puis, il sourit, timidement. Un sourire pensif. Il y avait une tendresse dans ce sourire. Un brin de tristesse aussi.

— Allez, redescendons, dit-il en conduisant Joe à un escalier.

Il l'emmena dans une partie de l'édifice que Joe n'avait pas encore visitée. Jacques n'avait pas planifié de retarder la visite de cette section. Son instinct lui avait suggéré d'attendre le bon moment avant d'y emmener Joe. Et c'était le bon moment.

Les deux hommes tournèrent dans une allée. Jacques ouvrit une porte et fit entrer Joe. La pièce ressemblait à un bistro sportif.

Des panneaux de bois recouvraient la partie inférieure des murs, des insignes d'équipes de sport trônaient ici et là, des tables et des chaises permettaient d'y passer un moment, comme dans un restaurant...

Joe regarda à sa gauche. Au premier coup d'œil il y avait un véritable comptoir de bistro tout équipé. Au-dessus du comptoir, on trouvait une enseigne au néon bleu : « Bistro Chez Claude ».

Il regarda sur sa droite. Les murs étaient couverts de photos toutes très amusantes, mémorables. On y voyait des gens s'éclater et prendre du bon temps.

— Les gens de DLGL, dans leurs moments les plus ridicules, dit Jacques. Une facette de notre culture aussi importante que tout le reste.

Au fond de la pièce, sur le même mur, trônait un immense trophée sur lequel se trouvaient de multiples inscriptions.

— Le nom des gagnants des tournois de badminton, dit Jacques. Leurs noms sont immortalisés sur le trophée.

Joe sourit.

— Et ça ? demanda-t-il en désignant un coin de la pièce où reposait une trentaine de raquettes de badminton brisées et de bâtons de hockey cassés et entassés dans une corbeille à rebuts.

Jacques sourit à son tour.

— Les joutes ne se déroulent pas toujours comme les joueurs le souhaitent. Parfois, ils s'emportent un peu, et les raquettes en paient le prix.

Chapitre 30

— Les bâtons de hockey aussi, d'après ce que je vois, ajouta Joe.

— Pour dire vrai, nous aurions pu déposer dans cette corbeille quelques douzaines de bâtons supplémentaires, avoua Jacques.

Joe avança dans la pièce. Il nota des photos de joueurs de hockey. Ils portaient un chandail avec l'écusson « VIP ». Joe remarqua que Jacques figurait parmi ces photos.

— Ce sont tous les joueurs de hockey de la compagnie ? demanda-t-il.

Jacques fit signe que oui.

— J'aime bien les chandails, confia Joe.

— Si ça mérite d'être fait, ça mérite d'être bien fait, répliqua Jacques.

— Vous commanditez une équipe de course automobile ? demanda Joe en pointant une photo d'une auto de course avec le logo DLGL sur le côté.

— En effet. Ce que j'aime de la course automobile, c'est qu'elle ressemble à la vie, mais en plus rapide. Vous faites votre boulot, vous vous préparez, tous les coureurs se rassemblent à Daytona et vous obtenez votre résultat sur-le-champ. On vous dit comment vous avez "performé". Puis, vous repartez, vous vous préparez de nouveau. Deux semaines plus tard, à Huston, vous obtenez un autre résultat.

» La vie se déroule un peu de la même façon. Vous vous préparez, vous passez à l'action et vous obtenez votre résultat. Ceux qui font les bonnes choses finissent gagnants. Ils connaissent une vie extraordinaire. Ils se créent un magnifique musée, comme vous le mentionniez auparavant.

Joe regarda de plus près l'une des photos. Une équipe de mécaniciens procédait à des ajustements sur une voiture. Jacques était au volant.

— Était-ce juste pour la photo ou vous pilotiez vraiment un tel bolide ?

Jacques fit signe que oui.

— Je suis l'un des pilotes.

Puis, Joe survola la pièce du regard.

— Est-ce vraiment un bistro ?

— Le bistro Chez Claude ! répondit Jacques.

— Et les gens peuvent y venir n'importe quand ? demanda Joe, intrigué.

— Bien sûr. Le bistro est bien approvisionné pour les gens de DLGL.

— Qu'est-ce qui vous a motivé à créer une telle place ?

— C'est un hommage à Claude. C'est un lieu où les gens peuvent venir et se détendre après le travail, s'ils le veulent, sans avoir à chercher un endroit à l'extérieur. Un endroit agréable, quoi. C'est ouvert en tout temps et tout le personnel de DLGL y a accès.

» C'est drôle, ajouta-t-il, la plupart des compagnies ont un étage réservé à la direction. On y retrouve habituellement de la nourriture et des boissons alcoolisées gratuites, mais seulement pour les dirigeants, pas pour le reste du personnel. Comme si l'on pouvait faire confiance aux dirigeants et tenir pour acquis qu'ils ne se soûleront

Chapitre 30

pas durant le jour ou qu'ils ne dilapideront pas les bouteilles les plus dispendieuses de la compagnie, mais pas aux autres membres de la compagnie.

Jacques fit une pause, puis désigna une table.

— Assoyons-nous et parlons un peu, Joe.

Chapitre 31

Les deux hommes restèrent silencieux un instant. Joe songeait aux photos sur le mur du hall, à l'étage, et à Claude qui n'y apparaissait plus à un certain moment.

C'est lui qui brisa le silence.

— Claude est mort, n'est-ce pas ?

Jacques dodelina lentement de la tête.

Joe détourna le regard, les yeux humides de larmes. Il était épuisé de toujours réagir ainsi. Il espérait que ça se calme, mais il pleurait chaque fois que quelque chose le ramenait au souvenir de la mort de Thomas.

Joe cligna des yeux pour tenter de les dégager des larmes. Il se tourna vers Jacques.

— Que s'est-il passé ? lui demanda-t-il doucement.

Jacques se cala dans son siège.

— Dans le cas de Claude, ce fut un épisode de longue durée. Il m'a téléphoné un jour pour me dire que nous devions aller *luncher* ensemble, lui et moi. Je ne me doutais de rien, mais il m'a alors informé qu'il ne se sentait pas vraiment bien. Il avait l'impression que quelque chose n'allait pas. Il avait subi un examen médical. Les médecins avaient fait des tests et, effectivement, quelque chose semblait clocher, mais ils en ignoraient la nature. Ils lui faisaient donc d'autres tests.

Jacques soupira.

— Alors, nous avons attendu les résultats en espérant que Claude n'ait rien de sérieux. Lorsqu'ils ont reçu les résultats des derniers tests, les médecins savaient alors qu'il y avait un problème chez Claude, mais ils en ignoraient toujours la nature. Alors, ils ont fait d'autres tests. Petit à petit, il devenait évident que c'était sérieux.

» Puis, ils ont trouvé. Claude souffrait d'un cancer du côlon. Ils l'ont opéré. Nous souhaitions que tout rentre dans l'ordre par la suite. Hélas, ce ne fut pas le cas. À ce moment-là, Claude décida de ne pas essayer de traitements agressifs. Pas de chimio, pas de radio. Il acceptait d'être traité, mais jusqu'à un certain niveau. Si ça ne marchait pas, il refuserait toute autre tentative.

— Que pensiez-vous de sa décision ?

— Je savais que ça ne servait à rien d'essayer d'en discuter. Son idée était faite selon la tangente que prendrait la situation. Je n'aurais pas pu le faire changer d'idée.

Jacques haussa les épaules.

— J'ai quand même tenté de lui exposer une possibilité… Lors de l'opération, les docteurs ont découvert que son côlon était perforé et qu'un écoulement se propageait dans son abdomen. Ils ont dit à Claude qu'il avait vraiment de la chance, car l'hôpital venait tout juste de recevoir une nouvelle « pièce d'équipement », un jour plus tôt, qui permettait de recoudre des tissus plus efficacement. Ça lui éviterait de transporter constamment un sac pour nettoyer ses reins.

J'ai alors mentionné à Claude que quelqu'un, quelque part, utilisait sans doute cet équipement depuis un certain temps déjà. Peut-être que si l'on cherchait bien, on trouverait quelque chose d'autre aussi pour l'aider.

Jacques haussa les épaules.

— Mais, il a répondu qu'il n'avait pas l'intention de mener ce genre de combat. Pas de drame !

Jacques soupira une fois de plus.

— L'un de ses bons amis était docteur. Il venait à la maison de Claude pour en prendre soin. Comme la maladie progressait, Claude lui donna le mandat de ne pas le laisser souffrir. Il lui demanda de faire en sorte qu'il ne souffre pas.

Jacques regarda au loin.

— Claude n'était pas vraiment émotif par rapport à sa situation. Il s'analysait, plutôt. Il observait à quel point il était conscient ou non, selon lui, à chaque phase de la maladie. Pour lui, lorsqu'il arriverait à un point où il ne serait plus vraiment conscient et où il serait engourdi par une forte médication constante, il ne serait plus vivant. Il m'avait dit de le considérer alors comme mort. « Tu ne meurs pas lorsque tu cesses de respirer. Tu meurs lorsque tu cesses d'être conscient de la réalité », disait-il.

Jacques sourit en regardant Joe.

— Il était toujours aussi philosophe.

Il haussa les épaules.

Chapitre 31

— Et c'est ainsi que c'est arrivé. Trois ans en tout, phase par phase.

— Était-il tourmenté par ce qui lui arrivait ? demanda Joe.

— Il ne m'en a jamais parlé. Il n'a jamais pleuré et ne s'est jamais lamenté. À un certain moment, il avait décidé qu'il cesserait de venir au bureau. Il voulait aller plus souvent à la pêche et passer plus de temps avec sa famille et ses amis. Des choses simples, mais qui comptaient pour lui.

» L'avenir de DLGL lui tenait aussi à cœur. Après le diagnostic initial, nous nous sommes assis, lui et moi, sur le banc de fer forgé où nous tenions toujours nos discussions. Je lui ai demandé ce qu'il voulait faire. Je lui ai dit que nous pouvions vendre la compagnie et utiliser l'argent de ses parts de la façon qu'il le souhaitait. Je voulais qu'il sache qu'il pouvait aussi prendre tout son temps pour lui. Il n'avait pas à venir travailler s'il ne le désirait pas. Ça, il l'accepta, mais vendre la compagnie à quelqu'un d'autre, il ne le voulut pas.

» À la place, il me proposa d'acheter ses parts et me confia la mission de mener aussi loin que possible l'expérience de DLGL. Alors, un an avant qu'il décède, c'est ce que nous avons fait. Il voulait s'assurer que tout soit clair pour tout le monde. Il a reçu l'argent de ses parts et il l'a laissé en héritage à sa famille. Et la compagnie a continué son existence. C'est ce qu'il nous a laissé à nous tous, chez DLGL.

Jacques regarda au loin en ressassant ses souvenirs.

— Durant la dernière année de sa maladie, Claude est devenu de plus en plus handicapé. Il demeurait au lit, dans son salon, et les gens passaient le saluer. Chacun de nous allait le voir chaque jour.

— Vous y alliez chaque jour ? reprit Joe, étonné.

— Oui. Moi, ma femme et mes enfants.

Il se mit à rire.

— Claude n'avait jamais eu d'enfants. Il me disait que c'était parce qu'il devait m'aider à élever les miens, car il trouvait que j'avais vraiment besoin d'aide sur ce plan. Et il m'a effectivement aidé à les élever. Nous étions comme une famille.

Jacques détourna le regard.

— La maladie a progressé à un point où Claude n'était plus que l'ombre de lui-même. À l'exception d'un bref moment de lucidité la nuit où il est décédé, il n'était plus conscient. Je me suis dit que selon sa propre conception de la situation, il était mort depuis longtemps déjà.

» Aussi étrange que cela puisse sembler, sa mort a été un soulagement pour tout le monde. Nous étions soulagés de ne plus le voir souffrir ; soulagés aussi pour sa femme et ses proches qui n'auraient plus à le voir souffrir. On souffre toujours, mais d'une autre façon…

» Nous avons aménagé le gymnase en chapelle ardente et des centaines de personnes sont venues lui faire leurs adieux. Des clients, des amis, les membres de la famille, les collègues, actuels et anciens…

Tandis que Jacques décrivait les funérailles de Claude, Joe repensa à la journée où il avait fait le tour, avec Thomas, du musée qui lui avait été dédié. Il se souvenait, tout comme ce fut le cas pour Claude, du grand nombre de personnes dont la vie avait été touchée par Thomas.

— Et ce fut terminé, reprit Jacques, ramenant Joe au moment présent. Et c'est là que ça vous frappe vraiment. Les gens repartent, le cercueil est enlevé, et là, la réalité vous frappe.

Chapitre 31

Jacques soupira.

— Je me suis senti terriblement seul ce soir-là. Terriblement seul. Nous avions été des amis et des partenaires d'affaires depuis 1972. Claude est mort en 2001. Ça faisait un sacré bout !

Chapitre 32

Joe repensa une fois de plus à la soirée où lui et Thomas s'étaient promenés dans le musée personnel de Thomas, à leurs adieux.

— Vous savez, Joe, reprit Jacques, lorsque vous avez été amis pendant aussi longtemps que Claude et moi, quand vous avez réalisé ensemble autant de choses folles ou insensées, votre vie est remplie de souvenirs.

» Lorsque nous étions, Claude et moi, partenaires d'affaires dans la première compagnie dans laquelle nous avions investi tous les deux, nous avions acheté une bâtisse. Une école, en fait. C'était avant que l'on fonde DLGL. Nous étions au sein d'une compagnie qui s'appelait "Cogito".

» Notre croissance était phénoménale. C'était avant que l'on comprenne que croître pour l'amour de croître n'était pas une si bonne idée. Nous en avions marre de payer un loyer, alors nous avons acheté une école que nous devions convertir en bureaux d'affaires. Nous avions six partenaires à l'époque. Chaque jour, à seize heures trente, nous enfilions nos jeans et nos bottes de travail et nous travaillions jusqu'à deux heures du matin à tenter de convertir les lieux.

» Nous abattions des murs et nous en érigions de nouveaux. Nous l'avons fait pendant des mois… les samedis, les dimanches…

Chapitre 32

» Un soir, alors que nous démolissions une cage d'escalier, nous avions trouvé une bouteille de crème de menthe verte et une autre de cognac. J'imagine que les gars qui avaient construit l'édifice les avaient déposées dans le mur en guise de célébration de la construction de l'édifice.

Jacques marqua une pause et reprit, le sourire aux lèvres :

— À ce moment-là, Claude n'avait jamais pris un verre de sa vie. Il avait été dans les forces armées, il avait fait des tas de trucs, mais il n'avait jamais pris un verre d'alcool.

» Nous étions fatigués, épuisés même. La raison et la logique ne nous guidaient plus. J'ai trouvé un verre et j'ai dit à Claude que j'allais lui montrer ce qu'était un *stinger*[1] et qu'il s'en souviendrait toute sa vie.

» Il n'avait jamais bu de sa vie, alors environ sept minutes après avoir pris le *stinger*, il était ivre. Soudainement, il est tombé endormi. Dix minutes plus tard, il était réveillé et voulait un autre verre. Il riait et parlait de toutes sortes de choses farfelues…

Jacques souriait toujours.

— Nous avons connu tellement de moments inoubliables. Et quand tout s'arrête, quand celui qui était votre partenaire d'affaires, votre ami, votre voisin, le gars en qui vous pouviez avoir confiance, totalement confiance, n'est plus, ça laisse un grand vide dans votre vie.

Jacques regarda Joe.

— Vous savez ce qui est le plus difficile lorsque vous perdez des gens qui étaient proches de vous, Joe ?

---

1. Coquetel de brandy et de crème de menthe.

Joe secoua la tête.

— C'est de ne plus pouvoir partager les bons moments avec eux. C'est vraiment ce qui est le plus difficile. Encore aujourd'hui, c'est ce qui me fait le plus mal, ce fut pareil à la mort de mon père. Je lui parlais tous les jours. Il venait nous voir constamment.

Jacques se mit à rire en continuant à relater les souvenirs au sujet de son père.

— Je n'étais pas très doué pour les activités manuelles, vous savez, les trucs du genre plomberie, électricité, mais mon père, lui, l'était. Alors chaque fois que j'avais quelque chose à réparer, je l'appelais et il venait m'aider. Nous étions constamment en train de travailler dans mon garage.

» Deux semaines après son décès, j'étais dans mon garage et je bûchais sur un truc à réparer. Alors, instinctivement, j'ai pris le téléphone pour lui demander de venir me donner un coup de main. Et c'est là que la réalité m'a frappé. Mon père n'était plus là, dorénavant.

» Ce fut la même chose concernant Claude, dit Jacques en haussant les épaules. Et ce l'est encore. Chaque fois qu'il y a une bonne nouvelle chez DLGL, je veux l'appeler ou le retrouver à son bureau pour lui dire : "Tu sais quoi ? Tu te souviens de la prévision que nous avions faite il y a longtemps, eh bien, elle vient de se concrétiser !"

Jacques fit une pause.

— Vous savez, Joe, il est encore avec nous de bien des façons. Le nom de Claude apparaît souvent dans nos courriels internes. *Claude aurait été furieux. Claude aurait bien ri. Claude aurait été fier.* Nous avons planté un chêne, devant l'édifice, en sa mémoire. Chaque fois que je le regarde, je pense à Claude, et je sais que c'est pareil pour tout le monde chez DLGL.

» Notre produit, le VIP, c'était sa vision. Et c'est le meilleur produit du genre au monde. Il n'y a rien de comparable. Peu importe l'argent investi par les concurrents pour tenter d'égaler notre produit, ils n'y arrivent pas. Et chaque fois que nous en faisons une mise à jour, les gens de DLGL se répètent : "Claude aurait été heureux de voir ça" ou "Claude en serait fier".

» Chaque semaine, nous tenons une réunion avec nos principaux directeurs. Nous l'appelons la réunion "OPSCOM[2]". Lorsque nous affrontons une situation difficile ou que nous nous interrogeons sur quelque chose, nous nous posons deux questions afin de dénouer la situation ou d'obtenir une réponse. La première est la suivante : "Si j'étais le client, à quoi m'attendrais-je de mon fournisseur ?" Cela nous donne une autre perspective de la situation.

— Et la seconde question ? demanda Joe.

— Si la première question ne nous permet pas de régler la situation, alors nous nous demandons : « Qu'est-ce qu'en dirait Claude ? »

Jacques éclata de rire.

— Et là, c'est l'effet-choc dont nous avions besoin.

Il sourit.

— Son esprit est toujours ici. Il fait partie de notre culture. Des gens racontent même des histoires à son sujet à ceux qui ne l'ont jamais connu. Il vit toujours !

---

2. Abréviation d'*opérations et comité*.

Jacques regarda Joe.

— Est-ce que tout cela vous rejoint, Joe ?

Joe fit signe que oui, mais il ne dit rien. Au bout d'un moment, il sortit son téléphone de sa poche. Il baissa les yeux et balança légèrement la tête.

— Je n'arrive pas à effacer le numéro de téléphone de Thomas, laissa-t-il tomber. N'est-ce pas stupide ? Je sais qu'il est parti, qu'il ne répondra plus au téléphone, mais une partie de moi…

Joe se tut.

Jacques accepta le silence de Joe pendant quelques instants. Puis, il lança :

— J'ai une idée !

Joe leva le regard.

— Laquelle ?

Jacques se leva.

— Suivez-moi !

Chapitre 33

Jacques conduisit Joe à une salle de conférence sur le même étage que le bistro. Cette salle faisait partie de la section où les gens de DLGL et leurs clients collaboraient à l'implantation et au développement de stratégies. Cette journée-là, l'endroit était entièrement libre.

Jacques invita Joe à pénétrer dans la salle.

— J'ai une suggestion à vous faire, lui dit-il.

— En quoi consiste-t-elle ? demanda Joe, intrigué.

— Je vous ai dit auparavant que l'une des choses les plus difficiles à vivre, après le départ de ceux que l'on aime, est de ne plus pouvoir leur parler. Il y a tant de choses que l'on voudrait leur dire et partager avec eux, mais ils ne sont plus là.

Joe indiqua à Jacques d'un signe de tête qu'il le suivait bien jusque-là et l'invita à poursuivre.

— Je ne prétends pas que c'est tout aussi agréable et je ne vous dis pas que ça réglera tout ce qui tourne en boucle dans votre esprit, mais je pense que vous devriez appeler Thomas et lui parler un peu.

Joe fixa Jacques avec un air confus.

— Je sais que vous ne pouvez pas *réellement* l'appeler, Joe, mais essayez, dit Jacques en désignant un poste téléphonique sur la table de conférence. Parlez-lui comme s'il était là.

Jacques haussa les épaules en ajoutant:

— Parfois, il faut simplement exprimer les choses que l'on ressent. Peut-être que ça vous aidera.

Il regarda sa montre.

— Il est passé dix-sept heures. Il n'y a plus personne alentour. Vous pouvez dire ce que vous ressentez le besoin de dire… ou ne rien dire du tout.

Jacques se tut, permettant à Joe d'assimiler l'idée.

— Vous vous souvenez des raquettes et des bâtons brisés dans le bistro? demanda-t-il ensuite à Joe.

Ce dernier fit signe que oui.

— Parfois, c'est seulement ce que les gens avaient besoin de faire, et c'est correct, ajouta Jacques.

Joe le regarda, incertain de ce qu'il devait dire ou faire.

— Je quitte le bureau, conclut Jacques. Prenez tout le temps dont vous avez besoin. Partez lorsque vous aurez terminé. Et ne vous en faites pas si la pièce se retrouve en fouillis. Laissez tout et partez. Les gens de l'entretien ménager s'en occuperont.

Il regarda Joe et le salua.

— Je vous vois lundi.

Chapitre 33

Puis, Jacques quitta la pièce et referma la porte derrière lui.

Joe jeta un regard autour de lui. Tout était silencieux. Jacques était parti. Joe se sentait seul, étrangement seul. Il resta immobile un moment avant de faire un pas vers la porte. Puis, il se ravisa et fixa le téléphone sur la table. Il hésitait.

Au bout d'une minute ou deux, il s'assit. Le silence était lourd. Le téléphone était du type mains libres. Joe pressa le bouton de connexion. Rien, pas de tonalité. Que le silence. Il regarda à l'arrière de l'appareil et constata qu'il n'était pas branché.

Il demeura assis pendant longtemps, silencieux.

— Tu me manques, Thomas, finit-il par dire à voix basse.

Aucune réponse.

— J'ai l'impression de ne plus avoir de raison de vivre.

Joe fit une pause.

— Tu étais mon meilleur ami. Je ne sais pas qui appeler maintenant pour annoncer de bonnes nouvelles.

Il fit une nouvelle pause.

— Tu me taquinais toujours au sujet de mes relations amoureuses. J'ai toujours su que c'était parce que tu souhaitais que je trouve quelqu'un pour qui je ressentirais ce que tu éprouvais pour Maggie.

Joe haussa les épaules. Son ton s'affirma un peu plus.

— Aujourd'hui, lorsque je rencontre une personne, je sais que le lendemain, il n'y aura personne pour me taquiner à son sujet.

Il se tut, mais reprit aussitôt.

— Lorsque je suis sur scène et que je présente l'un des concepts que tu as imaginés, je sais que je n'aurai personne à qui raconter tout le succès que j'ai eu, les témoignages reçus des gens qui ont vu leur vie transformée par le concept des cinq grands rêves de vie.

Joe baissa les yeux.

— Il y a un immense vide dans ma vie et j'ignore comment le combler.

Joe releva les yeux et fixa le mur à l'autre bout de la pièce.

— Ce n'était pas censé se dérouler ainsi, Thomas. Tu étais un homme bon. Tu étais honnête et tu te souciais des gens.

Joe éleva le ton et céda à la colère.

— Tu as fait plus de bien aux gens que quiconque, et tu es tout de même mort à 52 ans ! Il y a des gens qui ne font rien, absolument rien pour les autres ! Ils abusent, ils volent, ils humilient… et ils sont toujours vivants ! Pourquoi ? Pourquoi ?

Cette fois, les paroles de Joe devenaient des cris du cœur.

— Comment est-ce possible que quelqu'un, qui a tout fait pour les autres comme tu l'as fait, meure et que les autres restent ? Où est la justice dans tout ça ?

Il ramassa un godet à crayons qui traînait près du téléphone. Il l'écrasa dans sa main puis le lança violemment contre le mur, éparpillant du coup les crayons. Cet élan de colère lui apporta une certaine satisfaction.

Chapitre 33

— Ce n'est pas juste, Thomas, dit-il en secouant la tête.

Il serra les dents, se leva, ramassa une pile de papiers au bout de la table et la lança à son tour.

— Les gens sont censés vivre jusqu'à leur vieillesse ! Tu étais censé vivre jusqu'à ce que tu sois vieux ! Cinquante-deux ans, ce n'est pas vieux, Thomas ! Nous avions des aventures à vivre, des compagnies à bâtir !

» Chaque fois que toi, Maggie et moi voyagions ensemble, tu me taquinais au sujet de mon éventuel mariage. Tu t'en souviens ? Tu disais à la blague que peu importe où j'irais en voyage de noces, toi et Maggie me retrouveriez et enverriez le service aux chambres tous les matins, à six heures trente…

Joe hurlait.

— Tu étais censé le faire, Thomas ! Tu m'avais dit que tu le ferais !

Joe chercha quelque chose sur la table. Il prit une tasse en céramique et la fracassa en morceaux contre un mur. Tout ce qu'il trouva se transforma en projectiles… Une autre tasse, des tablettes de papier, des blocs-notes, des marqueurs, des gommes à effacer… Tout volait dans la pièce.

Puis, Joe s'effondra dans une chaise, la tête entre les mains. Les larmes ruisselaient sur son visage. Il releva la tête, ramassa la dernière tasse sur la table et la projeta violemment sur le mur le plus éloigné, la faisant éclater en mille miettes.

Joe respirait bruyamment.

— Ce n'est pas juste, dit-il en secouant sèchement la tête. Ce n'est pas juste.

Il baissa la tête et fixa le sol. Il se sentait vidé, épuisé. Il demeura inerte quelques minutes. La colère alimentée par l'adrénaline se calmait peu à peu.

Il leva les yeux et parcourut la pièce du regard. C'était un fouillis total. Habituellement, un désir d'aider, de rectifier les choses serait monté en lui, mais il ne ressentait rien. Juste un vide profond. Le même vide qui le hantait depuis la mort de Thomas.

Il se leva, ouvrit la porte et partit.

Jacques avait attendu dans une autre salle de conférence, dans la direction opposée. Lorsqu'il entendit la porte de la cage d'escalier se refermer, il sut que Joe venait de partir.

— Allons jeter un coup d'œil, dit-il à Jean-Guy, le concierge de DLGL.

En pénétrant dans la pièce où il avait laissé Joe seul, Jean-Guy laissa échapper un sifflement discret.

— Tu avais raison, dit-il à Jacques.

Jacques approuva. Il se pencha et ramassa quelques débris sur le plancher, qu'il déposa sur la table.

— Je suis désolé de ce fouillis, Jean-Guy. Veux-tu que je t'aide à tout ramasser ?

Jean-Guy secoua la tête.

Chapitre 33

— Je vais m'en occuper. J'ai bien pensé qu'en me demandant de déconnecter le téléphone, de retirer les objets de valeur de la pièce et de les remplacer par toutes sortes de petits objets, tu anticipais un tel résultat. Je replacerai tout, ne t'en fais pas.

Jean-Guy commença à ramasser les feuilles de papier.

— Crois-tu que ça l'a aidé ? demanda-t-il à Jacques.

Ce dernier promena son regard dans la pièce, puis remua la tête.

— Je n'en suis pas certain.

Chapitre 34

Lorsqu'il s'éveilla, le samedi matin, Joe se sentait comme la veille, dans la salle de conférence. Près de son hôtel, des sentiers permettaient de marcher en forêt. Parti pour une brève marche, il y resta finalement des heures à se poser des questions.

Il pensait parfois à la mort de Thomas, parfois à son propre musée, parfois à rien de précis.

Il prit un *lunch* tardif, marcha encore un peu et il se coucha tôt, complètement exténué.

Le matin suivant, au réveil, il consulta ses messages. L'un d'eux était de Jacques.

— Nous travaillerons sur la voiture de course, ce soir, à la grange où nous la remisons. Pourquoi ne viendriez-vous pas ? J'y serai jusqu'à vingt heures environ.

Et Jacques terminait en laissant l'adresse de la grange.

Toute la journée, ou presque, Joe se demanda s'il devait s'y rendre. Il n'avait pas tellement le cœur à une telle activité, mais il n'avait rien d'autre à faire. Et il y avait une partie de lui, qu'il ne comprenait pas vraiment, qui lui disait d'y aller. Il finit par laisser un message à Jacques lui confirmant sa présence.

Chapitre 35

En arrivant à l'adresse que Jacques lui avait fournie, Joe gara sa voiture près d'une porte sur le côté de l'édifice. Jacques lui avait laissé une note lui signifiant d'entrer à son arrivée. Joe ouvrit la porte et entra. En refermant la porte derrière lui, il regarda tout autour.

Il était dans un atelier, de toute évidence. Des pièces de mécanique, des équipements, des outils traînaient partout. On y trouvait aussi plusieurs voitures de course sur lesquelles diverses réparations étaient en cours.

En même temps, c'était beaucoup plus qu'un atelier. Aux murs étaient affichés des photos d'autos et de pilotes, des plaques souvenirs, des trophées, des chandails de course. C'était, en quelque sorte, un musée qui rappelait l'histoire de l'équipe de course.

« C'est le genre de choses que Thomas adorait », pensa-t-il.

C'était un lieu qui avait une âme, une histoire à raconter. Un endroit inspirant !

Une odeur d'atelier de réparation de voitures régnait à l'intérieur. Pas une odeur désagréable. Non, plutôt réconfortante, étonnamment. On sentait qu'ici, les choses se réparaient, se replaçaient, se reconstruisaient.

— Heureux de vous voir, Joe !

Joe se tourna vers le son de la voix. C'était Jacques. Il se tenait à une trentaine de mètres, près d'une voiture partiellement démantelée.

— Venez par ici, dit Jacques.

En s'approchant, Joe réalisa que Jacques n'était pas seul.

— Joe, j'aimerais vous présenter l'un de mes amis. Voici Yves. Il est le génial mécanicien qui permet à toutes ces bagnoles de rouler.

Joe serra la main d'Yves.

— Heureux de vous rencontrer, dit Yves. Jacques m'a parlé de votre projet avec DLGL.

Joe dodelina de la tête.

— Ce sera une formidable entrevue lorsqu'elle sera complétée, dit-il en retour.

— Désolé, Jacques, je n'aime pas partir aussi rapidement, mais je dois faire des recherches pour trouver les pièces dont nous avons parlé, dit Yves. Nous en aurons besoin dans deux semaines, en Ohio, et je voudrais les recevoir le plus tôt possible.

Il tendit de nouveau la main à Joe.

— Ce fut un plaisir de vous rencontrer, Joe. J'espère que vous vous joindrez à nous lors d'une course, un de ces jours.

Joe lui serra la main.

— J'aimerais bien.

Chapitre 35

— Merci, Yves, dit Jacques. Je te reparlerai demain, lui lança-t-il tandis qu'Yves se dirigeait vers la sortie.

— C'est un gars bien, dit Joe une fois qu'Yves fut sorti.

— Et un excellent mécanicien. Il est avec nous depuis dix ans, précisa Jacques.

— Est-ce la norme pour une équipe de course d'avoir le même mécanicien aussi longtemps ?

Jacques secoua la tête.

— Non, c'est plutôt rare. La plupart des gens ne respectent pas vraiment les mécaniciens. Ils les traitent comme s'ils pouvaient s'en passer facilement. Trop d'ego en jeu ! dit-il en souriant.

» Personnellement, je vois les choses différemment. Lorsque je suis derrière le volant d'un bolide filant à plus de 200 km/h, je ne veux surtout pas voir des pièces du véhicule se détacher et aboutir dans le mur. Et encore moins moi ! J'aime que quelqu'un prenne soin du véhicule, quelqu'un qui le connaît de fond en comble et qui est concerné par son bon fonctionnement.

Joe approuva. Depuis qu'il connaissait Jacques, il avait reconnu cette qualité en lui. Il entretenait des relations à long terme, tant avec ses employés et ses partenaires d'affaires qu'avec le mécanicien qui entretenait ses voitures.

Alors que beaucoup de dirigeants croient que les gens qui les entourent devraient se montrer reconnaissants d'avoir un emploi, Jacques prônait pratiquement l'inverse. Il se sentait rempli de gratitude envers les gens parce qu'ils restaient à ses côtés. Et parce que ces gens pouvaient témoigner à quel point Jacques prenait vraiment soin d'eux, ils voulaient continuer d'être à ses côtés.

Joe jeta un coup d'œil au moteur de la voiture.

— Que faisiez-vous, au juste ?

Jacques tendit à Joe un ressort de moins de quatre centimètres de hauteur et d'un centimètre de largeur.

— Vraiment ? s'étonna Joe.

— Ne vous laissez pas leurrer par sa dimension, dit Jacques. Ce petit ressort est très important.

— À quoi sert-il ?

— Il permet à un couvercle de maintenir la pression dans le système de refroidissement du moteur.

Joe sourit.

— Et c'est si important ?

— Si ce ressort est affaibli et ne remplit pas adéquatement son rôle, de l'eau ou de la vapeur s'échapperont du système de refroidissement. Dans ce cas, la pression et le point d'ébullition de l'eau diminueront.

» Peut-être que l'eau se changera en vapeur à 116 °C au lieu de 127 °C, comme c'est normalement prévu. Ça peut sembler anodin, mais ça ne l'est pas du tout.

Jacques pointa un endroit précis du moteur.

— Quelque chose se produira probablement ici, à l'endroit où l'eau est la plus près de la chambre à combustion. Une petite poche de vapeur se formera et s'agrippera à une quelconque imperfection métallique dans la chambre.

Chapitre 35

» Si cela arrive, les pièces ne se refroidiront pas à cet endroit, comme elles devraient le faire, ce qui créera un problème juste ici, de l'autre côté de la chambre. Un petit point chaud se formera et agira comme une bougie d'allumage, avant que l'on en ait besoin.

» Une fraction de seconde en avance, ce point chaud donnera une condition connue sous le nom de "préallumage". Un feu est enclenché. Puis, la véritable bougie d'allumage crée un second feu, soit l'allumage normal tel qu'il était censé se faire.

» Seulement, c'est un feu de trop. Ça crée une telle pression et tant de chaleur que toute la charge explose en un millionième de seconde, au lieu de se consumer progressivement. Cette explosion, que l'on appelle la "détonation", crée des dommages à certaines pièces du moteur qui commencent alors à se désintégrer.

» Quelques rotations de plus du piston et, en peu de temps, le moteur saute.

— Et ça n'annonce rien de bon, commenta Joe.

— Non, vraiment pas, confirma Jacques. Lorsqu'un moteur saute, il perfore souvent le carter, ce qui cause des fuites d'huile partout et vous fait perdre le contrôle du véhicule. Ce n'est pas une bonne chose si vous êtes un conducteur luttant pour votre survie en essayant d'éviter que votre bolide fonce droit dans un mur à plus de 200 km/h ou dans les autres voitures roulant à la même vitesse que la vôtre.

Joe fit signe qu'il comprenait.

— Et c'est une mauvaise nouvelle pour votre équipe, continua Jacques, car vous venez alors de perdre un moteur qui coûte affreusement cher. En plus, en sautant ainsi, le moteur abîme la dispendieuse coque en fibre de carbone dont le véhicule est fait.

Tout cela signifie que vous serez hors circuit pendant un temps et que vous aurez une facture énorme à payer pour remettre le véhicule en état de courir de nouveau.

Joe tenait le ressort entre ses doigts.

— Et tout cela parce que ce petit bidule n'a pas fait ce qu'il devait faire…

— Vous ne pouvez pas vous permettre d'avoir des ressorts affaiblis dans votre voiture de course. Ni aucune autre pièce faible, d'ailleurs. Que ce soit une pièce à quatre dollars ou à quatre cent mille dollars, aucun maillon faible de la chaîne ne peut être toléré. Sinon, attendez-vous à payer une facture plutôt salée.

Jacques regarda Joe.

— Pour le bien-fondé de votre article, le même principe s'applique aux gens dans une compagnie.

Chapitre 36

Joe redonna le petit ressort à Jacques.

— Que voulez-vous dire ?

— Lorsqu'un standard de performance est établi dans une culture quelconque, il doit être atteint par tous les gens qui font partie de l'organisation. Ceux qui ne l'atteignent pas doivent être remplacés. Bien sûr, vous accordez le temps nécessaire à leur formation et vous les supervisez en conséquence, mais il arrive un moment où ils doivent performer ou partir.

» Comme organisation, vous êtes assuré du succès si les gens qui la composent donnent le meilleur d'eux-mêmes, sont bien intentionnés et que leurs champs d'intérêt sont sensiblement les mêmes. Lorsque ces conditions ne sont pas remplies et que quelque chose cloche, vous devez y voir, et rapidement. Sinon, tout comme un moteur, ça explosera à un moment ou à un autre.

— Est-ce que c'est déjà arrivé chez DLGL ? demanda Joe. Est-ce qu'une personne a cessé de performer et a dû être remplacée ? Avec le faible taux de roulement du personnel, le nombre d'années d'expérience chez DLGL, la collaboration entre vos gens, ça me semble difficile à concevoir.

Jacques fit une pause.

— Ce n'est pas arrivé souvent, mais nous avons dû le faire. Récemment, nous avons laissé partir une personne qui ne répondait plus au standard de performance exigé.

— Elle travaillait chez DLGL depuis longtemps ?

— Dix-sept ans.

Joe fut surpris.

— Wow ! C'est étonnant ! Qu'est-il arrivé ? J'aurais cru qu'après dix-sept ans au même endroit, la personne aurait sans doute poursuivi au même endroit…

Jacques haussa les épaules.

— Peut-être qu'en travaillant pour le même employeur depuis longtemps, certaines personnes oublient que les conditions ne sont pas les mêmes partout… Alors, elles tiennent pour acquis leur emploi et ses avantages.

Joe approuva d'un signe de la tête.

— Parfois, aussi, les gens changent. Ils se placent eux-mêmes dans une "boîte". Ils ne veulent faire que certaines tâches. Notre culture et nos méthodes, chez DLGL, exigent que les gens soient impliqués et qu'ils puissent faire différentes choses selon les situations.

» De la gestion de compte client, du soutien, de la recherche et développement… C'est ce qui nous permet d'entretenir notre culture d'entreprise. Si une personne décide que ça ne lui convient plus et

Chapitre 36

qu'elle veut ne faire qu'une seule tâche, alors DLGL n'est plus le meilleur endroit pour elle pour travailler.

» Et avec une culture comme la nôtre, impossible de se cacher. Si une personne cesse de contribuer aux tâches ou que son attitude n'est pas bonne, les autres le lui feront savoir. Et c'est à moi ou à un autre administrateur d'agir. C'est ce que nous faisons.

— Depuis combien de temps le rendement de cette personne laissait-il à désirer ? demanda Joe.

— Son rendement se dégradait depuis plusieurs trimestres, et il devint nettement insatisfaisant.

— Suffisamment pour que vous interveniez ?

— Exactement. Et, ce ne fut guère mieux le trimestre suivant. J'ai consulté des gens à l'interne. Considérant le nombre d'années de service avec nous, tous les efforts furent déployés pour assigner à cette personne un nouveau rôle et lui donner une autre chance. Mais, comme le trimestre suivant ne fut pas concluant, la décision de la congédier fut prise.

» Nous lui avions donné toutes les chances de se reprendre en main. Elle ne l'a pas fait. Elle était devenue le ressort qui pouvait faire exploser le moteur et hypothéquer gravement la voiture de course.

Jacques secoua la tête avant de continuer :

— Avoir ce genre de conversation n'est jamais agréable, mais vous devez le faire par respect pour tous les autres employés qui accomplissent adéquatement ce que vous attendez d'eux, et dans un esprit positif. Autrement, quel message leur envoyez-vous ?

Joe approuva.

— Ça me rappelle l'un de nos clients qui avait été très inspiré par le concept des cinq grands rêves de vie lors de l'un de nos évènements. Il venait d'avoir cinquante ans et il désirait évaluer le type de *leader* qu'il était par rapport à la personne qu'il voulait être.

» Nous l'avons donc accompagné dans l'identification du but et des cinq grands rêves de sa compagnie. Durant les six mois qui ont suivi, il a intégré ses découvertes dans sa compagnie. Quatre-vingts pour cent des gens ont adhéré au but et aux rêves de la compagnie. Plusieurs ont même mentionné qu'ils souhaitaient cela depuis longtemps.

— Et les autres ?

— Les autres ont fait savoir à notre client que tout cela ne valait rien. Ils n'y croyaient pas, ils n'en voyaient pas l'utilité et ils ne voulaient pas en faire partie.

— Et qu'est-il arrivé ? demanda Jacques.

— Notre client avait d'importantes décisions à prendre. Allait-il créer sa vision d'une incroyable organisation ? Le genre d'entreprise dont il serait fier ? Le type de compagnie qu'il se savait pertinemment en mesure de créer et de diriger ?

» Si oui, alors il devrait laisser tomber plusieurs choses, en commençant par ses doutes personnels sur ses capacités. Puis, il devrait abandonner le style de gestion qu'il utilisait depuis 25 ans, même s'il n'y avait jamais cru. Puis, il devrait se départir d'employés comptant de nombreuses années d'expérience.

— Qu'a-t-il décidé ?

Chapitre 36

— Il a choisi d'écouter son potentiel, non ses peurs, et c'est tout à son honneur. Il donna la chance à ses employés de comprendre sa démarche et de la suivre s'ils le souhaitaient. Lorsqu'il fut évident que certains employés n'adhéraient pas à sa vision, il les laissa partir.

— Et tous les autres lui ont demandé pourquoi il avait attendu si longtemps avant d'agir ainsi, conclut Jacques.

Joe le confirma.

— Vous avez raison, ce fut exactement ce qu'on lui a demandé. Pendant des années, les gens avaient été frustrés par l'attitude égoïste de ceux qui sont partis. Même les clients ne les appréciaient pas. Mais, le dirigeant était si préoccupé par la difficulté de composer sans eux que rien n'était fait. Sa peur de l'inconnu était plus grande que le problème réel. Alors, il n'osait pas agir.

— Ensuite, après avoir laissé partir des gens ?

— En quelques semaines, la productivité fit un bond que n'aurait jamais pu imaginer le dirigeant. Il découvrit que l'un des employés qui était parti était responsable d'environ 30 % de toutes les erreurs durant les activités de la compagnie. Une fois qu'il fut parti, les erreurs furent beaucoup plus rares et la productivité s'améliora tout comme la satisfaction des clients.

» Un autre des employés qui fut remercié avait la responsabilité de corriger les erreurs une fois le produit livré aux clients. Il avait caché une multitude de problèmes des clients au reste de l'équipe. Ces problèmes embêtaient les clients depuis des années. Le gars disait qu'il les avait corrigés ou qu'il travaillait à les régler, alors qu'il n'en était rien.

» Il a fallu des mois pour rectifier tous les ennuis que ces employés avaient laissés derrière eux. Toutefois, l'impact positif de leur départ ne se fit pas attendre. Lorsque j'ai reparlé à ce propriétaire d'entreprise, il était émerveillé de voir à quelle vitesse l'atmosphère avait changé dans sa boîte et à quel point la dynamique entre les employés s'était immédiatement améliorée.

» Et à long terme, les résultats furent aussi très positifs. En une année, les revenus de la compagnie avaient grimpé de 35 %. L'année suivante, ils avaient augmenté de 31 %. Et leurs clients revenaient vers eux pour d'autres services. Ce qui n'arrivait jamais auparavant, possiblement à cause de tous les problèmes qui n'étaient jamais réglés.

Jacques approuva d'un signe de la tête.

— Les clients n'aiment pas accorder des contrats supplémentaires à un vendeur qui n'est pas capable de bien faire le travail initial. Et ils ne vous donneront pas de références. De l'autre côté, lorsque vous faites un bon travail, avec la bonne attitude, ils vous placent automatiquement en tête de liste pour d'autres travaux. Ce fut l'une des clés de notre succès chez DLGL.

Joe balança la tête.

— Je suis fier du dirigeant dont je viens de vous parler. Il avait des choix difficiles à faire, mais, depuis, il est bien engagé dans la réalisation du type de compagnie qu'il souhaite vraiment avoir. C'est une belle histoire que la sienne.

Chapitre 37

Les deux hommes restèrent silencieux quelques instants. Jacques s'affairait à sa voiture, tandis que Joe était pensif.

— Vous savez, Joe, dit Jacques au bout d'un moment, il ne s'agit pas de simplement remplacer des pièces défectueuses sur une voiture ou de laisser partir les gens qui ne performent pas dans la compagnie.

Il se tut momentanément et reprit :

— Ça concerne la vie aussi.

Il prit un chiffon et essuya la pièce à laquelle il s'affairait.

— Je suis direct, Joe. Je n'ai jamais été du genre à garder les choses en suspens ou à tourner autour du pot. Nous avons passé beaucoup de temps ensemble, vous et moi, depuis une semaine. Et je peux voir que vous êtes blessé. Je constate que la mort de Thomas vous a durement frappé.

Il fit une autre brève pause.

— Avec ce que j'ai traversé à la mort de Claude, je peux vous comprendre mieux que quiconque.

Jacques termina de nettoyer la pièce qu'il tenait et la déposa sur la table de travail.

— Toutefois, j'ai l'impression qu'il y a quelque chose que vous n'avez pas compris, quelque chose auquel vous restez accroché, même s'il est temps de lâcher prise.

Joe accueillit la réflexion de Jacques et porta son regard au loin. Il réfléchit. Puis, il se retourna vers Jacques.

— Le conseil d'administration de la compagnie de Thomas m'a demandé de prendre la relève.

Joe se tut une minute, puis reprit :

— Thomas avait monté une structure qui permettait aux *leaders* qui avaient grandi dans sa compagnie initiale d'avoir la chance de démarrer eux-mêmes des entreprises. Parfois, il créait des organisations lui-même et en confiait la direction à des gens qui avaient fait leur marque dans la compagnie initiale.

» Dans toutes ces situations, Derale Enterprises conservait toujours des parts. C'était une façon pour Thomas de garder ses meilleurs *leaders* ensemble tout en leur donnant la chance de diriger une entreprise.

» Les parts n'étaient que l'un des aspects de l'implication de Thomas. Il trouvait toujours des façons de conserver les liens entre les *leaders* pour qu'ils apprennent les uns des autres et qu'ils s'entraident.

» Avec le départ de Thomas, le conseil d'administration craint qu'il n'y ait plus personne pour assurer ces connexions entre les *leaders* et les compagnies. Personne, actuellement, n'entretient ces liens, et surtout personne ne les optimise. Et ce sont ces liens qui font que Derale Enterprises fonctionne aussi bien.

Chapitre 37

Joe secoua la tête.

— Le conseil d'administration me demande depuis des mois de jouer ce rôle, mais je n'ai fait que repousser ma réponse. Actuellement, je crois que les membres du conseil d'administration s'interrogent à savoir si je suis la bonne personne ou non.

— Êtes-vous la bonne personne ?

Joe soupira, puis fit signe que oui.

— Je suis la bonne personne, dit-il. Tout le monde a des dons, des aptitudes qu'il maîtrise particulièrement bien. Pour ma part, je vois des choses que les autres ne voient pas. Connexions… itération… comment une chose conduit à une autre puis à une autre et encore à une autre pour donner un résultat surprenant. Ou, parfois, le résultat ne sera pas si merveilleux et il faudra emprunter une autre voie.

» Thomas avait aussi ce talent. C'est ce qui le rendait aussi bon comme *leader*. Et c'est sans doute ce qui nous a permis de collaborer aussi bien ensemble, lui let moi.

» Il pouvait m'appeler un matin et commencer à m'expliquer une quelconque idée synergique et extraordinaire pour accentuer les liens entre les compagnies. Il pouvait déjà tout visualiser dans sa tête. Alors, nous commencions à lancer des idées en nous inspirant l'un et l'autre, jusqu'à ce que l'idée originale soit devenue encore plus extraordinaire.

» Lorsqu'il parlait de ses idées aux gens, ils étaient captivés. Il était un artiste, en quelque sorte. Il créait à partir de rien. Et les gens l'adoraient pour cela.

Jacques écoutait silencieusement. Lorsque Joe fit une pause, il décida que c'était le moment… le moment de partager avec Joe ce qu'il ressentait depuis des jours.

— Vous savez, Joe, dit Jacques tout doucement, ne pas prendre la relève de Thomas ne le ramènera pas.

Joe ne répondit pas.

— Parfois, les gens s'accrochent à quelque chose ou à quelqu'un parce qu'ils ont peur, poursuivit Jacques. Peur d'accepter un nouvel emploi, même s'ils savent que leur emploi actuel ne leur convient pas. Peur de quitter une relation, même s'ils savent que ce n'est pas la bonne. Peur d'assumer le *leadership* dont ils se savent capables à cause de ce que les autres diront.

— Je n'ai pas peur d'être un *leader*, se défendit Joe.

— Je sais, reprit Jacques, toujours en douceur. Vous avez peur de prendre la relève de Thomas parce que ça signifierait qu'il est vraiment parti.

Joe ne voulait pas entendre cela, et encore moins l'admettre, mais il savait que c'était vrai.

— Il est parti, Joe, dit Jacques. Rien de ce que vous pourriez faire ou ne pas faire ne le ramènera.

Joe sentit une vague de tristesse l'envahir. Une lourdeur… le poids de la réalité.

— Deux choses m'ont beaucoup aidé lorsque Claude est décédé, continua Jacques. Elles m'ont permis de poursuivre dans mes moments les plus sombres. La première était ce que nous avions créé ensemble. Et je savais que c'était important pour Claude que la compagnie continue à prospérer, même sans lui.

Chapitre 37

Jacques fit une pause, puis reprit :

— Je ne dis pas que vous devriez prendre la relève de Thomas si vous n'en avez pas envie, mais selon ce que vous m'avez confié auparavant, vous pouvez assumer ce rôle mieux que quiconque au monde. Vous pourriez y donner le meilleur de vous-même. Je pense que Thomas aurait été fier qu'une personne prenne la relève, et que cette personne soit vous.

Joe fit signe que oui, accueillant les paroles de Jacques.

— Vous avez parlé de deux choses. Quelle était la seconde ?

Jacques sourit.

— J'ai sélectionné quelques-uns de mes souvenirs préférés de Claude. Ceux qui me faisaient rire, ou ceux qui suscitaient mon admiration, ou encore ceux pour lesquels je ressentais de la gratitude envers Claude.

» Lorsque je me retrouvais dans des moments difficiles par rapport à sa mort, je repensais à ces souvenirs. Au lieu de demeurer dévasté par son absence, j'honorais l'être fantastique qu'il était.

Jacques se mit à rire.

— Je me souviens d'une fois où tout le monde dans la compagnie avait passé un test de personnalité. Le genre qui stipule que vous êtes dans la case supérieure à gauche ou dans celle inférieure à droite, que vous êtes un introverti ou un extraverti, un être de tête ou de cœur. Lorsque l'on m'a remis mes résultats, j'étais en plein milieu de tout.

» Claude et moi en avions bien ri. Je lui avais dit que, selon moi, ces résultats signifiaient que j'avais une grande capacité d'adaptation. Savez-vous ce qu'il m'a répondu ?

Joe fit signe que non.

— Il m'a dit que ça signifiait plutôt que je n'avais aucune personnalité.

Jacques éclata de rire à nouveau.

— C'était typique de Claude et de notre amitié. Si quelqu'un d'autre m'avait fait cette remarque sérieusement comme Claude, il m'aurait trouvé sur son chemin. Et j'en aurais fait tout autant si l'on s'en était pris à Claude. Mais, entre nous deux, nous pouvions nous taquiner sans limites.

Joe sourit. Une lueur se pointait dans son regard.

— J'aime cette idée… beaucoup même.

Joe resta pensif quelques secondes puis regarda Jacques.

— Merci, dit-il.

— Je t'en prie, Joe, lui dit Jacques en retour.

Chapitre 38

Joe se réveilla tôt le lendemain matin. Il ne s'était pas senti aussi bien depuis longtemps. Plus il repensait à la conversation de la veille, entre Jacques et lui, mieux il se sentait.

Dès neuf heures, il arriva chez DLGL. C'était la journée où Jacques serait interviewé pour un magazine, et Joe tenait à y assister.

Joe trouva Jacques déjà à son bureau.

— Bonjour, Joe. Entrez et assoyez-vous.

Joe déposa ses affaires sur l'une des deux chaises devant le bureau de Jacques et s'assit dans l'autre.

— Êtes-vous prêt pour l'entrevue ?

Jacques dodelina de la tête en souriant.

— Être interviewé au sujet de ce que vous vivez au quotidien n'a rien de difficile.

Joe sourit à son tour.

— C'est ce que Thomas avait l'habitude de dire, lui aussi.

Jacques remarqua que Joe avait prononcé le nom de Thomas spontanément. C'était la première fois depuis qu'il avait rencontré Joe.

— Comment allez-vous aujourd'hui ? lui demanda-t-il.

Joe prit un instant avant de répondre.

— Bien, répondit-il en hochant la tête. Mieux que depuis des mois, en fait.

Jacques lui sourit.

— Heureux de l'entendre.

Puis, il jeta un coup d'œil à sa montre.

— Le journaliste m'a téléphoné avant votre arrivée et m'a demandé si l'on pouvait remettre l'entrevue à onze heures. C'est une bonne chose, je pense. Il y a un morceau du casse-tête de DLGL que nous n'avons pas encore regardé, vous et moi. J'envisageais de le faire à un moment ou à un autre, et avec l'entrevue qui est retardée, je crois que ce serait le bon moment.

Joe approuva d'un signe de la tête.

— J'ai le sentiment que l'entrevue portera sur la mécanique de l'entreprise, c'est-à-dire sur nos méthodes, notre approche dans certaines situations. Ce sont généralement ces questions qui me sont posées lors d'entrevues, mais ce que je veux partager avec vous est l'un des éléments fondamentaux de notre succès.

» Un journaliste qui vient ici pour réaliser une entrevue n'a pas la vision du contexte situant ce que j'expliquerai. Il ne comprendrait pas, car il n'a pas passé suffisamment de temps avec nous pour s'imprégner de notre culture, comme vous l'avez fait. C'est pourquoi

Chapitre 38

je sais que vous comprendrez. Je crois que ce sera le point le plus important que vos lecteurs retiendront lorsqu'ils liront votre article.

Joe approuva, intrigué.

— D'accord ! Allons-y !

Chapitre 39

— Comme vous le savez maintenant, Joe, nous faisons tout en notre pouvoir pour créer le meilleur environnement de travail chez DLGL. Pour y parvenir, il nous a fallu penser et agir différemment.

» La même philosophie s'applique lorsque vient le temps de créer le meilleur système informatique de ressources humaines pour un client. Dans notre marché, la plupart des joueurs importants créent et vendent un logiciel non personnalisé. Généralement, c'est un puissant logiciel, je vous l'accorde. Vous ne devenez pas aussi important que SAP ou PeopleSoft sans offrir un puissant logiciel. Par contre, ça demande tout de même un logiciel "prémodule", le même pour tous les clients, en fait.

» Et cela crée un problème, car chaque client est différent. Bien sûr, il y a entre les clients de nombreuses similitudes, mais aussi de nombreuses nuances spécifiques à chacun. Et c'est particulièrement vrai lorsque l'on parle de gestion du personnel. Les cultures d'entreprise et les conventions collectives de travail ne peuvent être gérées par un seul logiciel universel.

— Par exemple ? demanda Joe.

— Les ingénieurs ferroviaires ne sont pas payés de la même façon s'ils conduisent un train à l'aller ou au retour. Un employé municipal sera payé selon certaines normes pour son travail journalier régulier, mais selon d'autres normes s'il fait des heures supplémentaires dans une autre fonction pour la municipalité.

Jacques haussa les épaules.

— Ce ne sont que deux exemples parmi des milliers de spécificités dont il faut tenir compte. Un logiciel déjà conçu ne pourra les prendre en charge. Alors, que faites-vous si vous avez acheté un tel logiciel, mais que votre compagnie a des besoins spécifiques ?

Joe haussa les épaules à son tour.

— Il faut modifier le logiciel ?

— Exactement ! dit Jacques. Cependant, généralement, il n'y a personne dans l'entreprise qui peut le faire. Alors, vous engagez une personne qui peut le faire pour vous. Ce qu'elle fait. Et tout semble correct… pour un temps ! À un moment ou à un autre, une nouvelle version du logiciel sera disponible.

» Et c'est là que surviennent les problèmes, car la firme qui a conçu le logiciel n'a aucune idée des modifications que votre entreprise, comme bien d'autres, y a apportées. La nouvelle version n'en tiendra donc pas compte. Souvent, la personne que vous aviez engagée pour procéder aux modifications est partie depuis longtemps.

— Ce qui signifie que plusieurs fonctions clés seront perdues, conclut Joe.

Jacques approuva.

— Dans notre industrie, les projets coûtent de sept cent mille à vingt millions de dollars. Et plus de 60 % d'entre eux échouent, en partie à cause des raisons dont nous avons parlé l'autre jour. Et en partie parce que personne ne comprend la mécanique du logiciel.

Ainsi, lorsque de nouvelles versions du logiciel deviennent disponibles, personne n'arrive à les coordonner avec les transformations qui ont été apportées à la version initiale.

— Ça me semble une immense perte de temps et d'argent, observa Joe.

Jacques approuva d'un signe de la tête.

— Comment faire autrement ? demanda Joe.

— Je vais vous le montrer.

Chapitre 40

Jacques se leva et se dirigea vers un tableau blanc sur lequel on remarquait un schéma dessiné. Au centre, on voyait un cercle avec l'inscription : « Base de données unique et intégrée ». Autour du cercle, une quarantaine de cubes étaient interconnectés.

— Lorsque nous travaillons pour un nouveau client, la première opération est de passer environ six semaines auprès des gens qui y travaillent. Le but est de s'assurer de comprendre exactement de quelle information ils auront besoin, pourquoi elle sera nécessaire, où elle sera dirigée, comment elle sera utilisée, à quoi elle sera intégrée.

» C'est vraiment l'essence d'un tel système : diriger la bonne information vers la bonne personne et de la bonne façon. Dans certains cas, c'est vraiment très simple, comme fournir un accès en ligne à une personne pour qu'elle puisse consulter son bulletin de paie.

» Dans d'autres cas, c'est un peu plus complexe, comme s'assurer que le dépôt direct de la paie d'un employé est réparti dans plusieurs comptes selon le pourcentage établi.

» Parfois, il y a de multiples niveaux de complexité, comme fournir à un dirigeant une liste de gens à appeler pour remplacer un employé malade. Cette liste est basée sur une convention collective, sur les qualifications requises, sur le nombre d'heures que la personne vient tout juste de compléter à taux double, sur la nécessité de ne pas payer un taux triple.

» Le résultat est différent, mais le but reste le même : diriger la bonne information vers la bonne personne et de la bonne façon.

» Cela dit, nous n'en sommes pas à nos premiers pas. Nous nous spécialisons dans ce domaine depuis plus de trente ans. À vrai dire, nous comprenons la gestion de paie, la comptabilité et les systèmes de gestion des ressources humaines de la plupart de nos clients mieux qu'eux-mêmes. Dans la plupart des entreprises de nos clients, les employés ne restent pas aussi longtemps que nos gens le font chez nous. Après huit ou dix ans, il n'y a plus personne chez le client ayant participé à l'élaboration et à l'implantation du projet initial.

— Vous êtes un « pilier pour vos piliers », lança Joe sous le regard intrigué de Jacques. C'est une expression que nous utilisons souvent dans notre compagnie, expliqua Joe. Nos piliers sont nos plus importants clients, ceux qui contribuent le plus à notre rentabilité et qui nous permettent de rester solides. Notre but est d'être un pilier pour ces clients, d'ajouter de la valeur à nos services, de devenir si utiles à leur structure entrepreneuriale que nous devenons partie intégrante de la fondation qui leur permet de demeurer solides à leur tour.

Jacques apprécia l'idée.

— C'est une belle façon de le voir. Oui, en ce sens, nous devenons un pilier pour nos clients. Au départ, toutefois, nous fournissons des piliers pour ensuite devenir des piliers.

Cette fois, c'était Joe qui était étonné. Jacques s'expliqua.

— La plupart de nos compétiteurs affectent une équipe de travail au projet d'un nouveau client. Toutefois, cette équipe n'est pas nécessairement composée de gens ayant le plus de connaissances à propos du marché de ce nouveau client. C'est bien souvent une combinaison de nouveaux employés ou de ceux qui sont disponibles, puisque leur dernier mandat est effectué.

» Nos compétiteurs ont un taux de roulement du personnel de 20 %. Chaque année, ils doivent remplacer une personne sur cinq. Il est fort probable que l'équipe connaisse peu non seulement l'industrie du client, mais le produit qu'elle doit implanter chez lui.

» Parce que nos employés demeurent très longtemps avec nous, nous pouvons nous permettre une approche différente. Nous sommes en mesure d'affecter les gens les plus compétents et expérimentés au projet d'un nouveau client ou d'un client existant. Cela se traduit par une rapidité accrue, très accrue même, de l'élaboration et de l'implantation du système. Et une efficacité remarquable, de surcroît. Nos employés savent quelles questions poser pour obtenir les informations nécessaires, car ils ont travaillé sur des projets semblables auparavant, pour des clients similaires, et ce, au moins une douzaine de fois au cours des quinze dernières années.

Jacques sourit en se tournant vers Joe.

— Avez-vous déjà fait des travaux domestiques à la maison, comme construire un cabanon, installer un ventilateur au plafond ou même assembler une bicyclette pour un enfant ?

Joe rit.

— Pas vraiment, pour ce qui est de la bicyclette, mais, oui, j'ai déjà fait quelques travaux ici et là autour de la maison ou à l'intérieur.

— Avez-vous remarqué qu'après avoir fait un truc une fois, vous savez ensuite les erreurs à éviter une seconde fois ?

Joe rit de nouveau.

— Oh ! Oui ! Tellement… La première fois est la pire. Tout se fait plus lentement et on doit souvent tout recommencer !

— Alors, c'est la même chose dans ce cas-ci, conclut Jacques, sauf que le projet est beaucoup plus imposant et que les erreurs sont plus difficiles à corriger. C'est pour ça que nous voulons affecter les meilleures personnes possible à nos projets. Elles n'en seront pas à leur premier essai du genre ni même à leur deuxième ou troisième, mais plutôt à leur douzième ou vingtième.

» Hier, je vous ai dit que la "longévité" des employés chez DLGL était de seize ans en moyenne. Non seulement nous avons déjà travaillé pour des clients spécialisés dans un domaine, mais nous l'avons fait plusieurs fois.

— Comment vous assurez-vous que la bonne personne est toujours disponible ? demanda Joe. N'affrontez-vous pas les mêmes difficultés que vos compétiteurs ?

L'interrogation de Joe fit sourire Jacques.

— Non. Lorsque je vous aurai expliqué pourquoi, je crois que vous comprendrez la raison qui me fait dire que ce sera utile aux *leaders* qui liront votre article.

Chapitre 41

— Au cours des trois dernières années, nous avons augmenté notre clientèle de 20 %. Nous n'avons pas eu besoin d'ajouter une seule personne de plus pour assumer cette croissance.

Joe fut surpris.

— Vraiment ?

Jacques balança la tête.

— Vraiment !

Joe réfléchit un instant.

— Est-ce que ça signifie que vous aviez du personnel sous-utilisé au cours de ces années ?

Jacques secoua la tête.

— Pas du tout. Et voici pourquoi.

Il ramassa un marqueur et dessina un diagramme au tableau blanc.

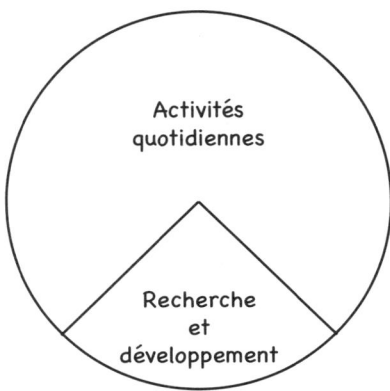

Il désigna la partie représentant les deux tiers du cercle.

— Voici nos activités quotidiennes. Elles incluent l'élaboration et l'implantation de solutions pour les nouveaux clients et pour ceux qui sont déjà avec nous ainsi que le soutien technique des systèmes déjà en fonction.

» Comme les employés demeurent longtemps avec nous, ils s'améliorent constamment. De ce fait, nous sommes de plus en plus efficaces. Un projet qui aurait nécessité huit cents heures de travail il y a cinq ans n'en requiert que six cents aujourd'hui.

— C'est comme si on assemble une bibliothèque pour la dixième fois... On devient beaucoup plus efficace et rapide !

— Tout à fait, acquiesça Jacques. C'est l'une des raisons. L'autre, c'est ça, dit-il en pointant la portion « Recherche et développement ».

— Recherche et développement ? fit Joe, intrigué.

— Exactement ! En travaillant auprès de nos clients, nos gens deviennent de plus en plus rapides dans l'exécution des tâches, et ce, de l'implantation d'un système à la résolution de problèmes. Ils

Chapitre 41

deviennent si rapides et performants qu'ils ont moins de travail. Chez DLGL, ce temps disponible est consacré à la recherche et développement. Cela rend notre système et nos méthodes de soutien meilleurs et plus performants qu'ils ne l'étaient.

Joe se recula légèrement et resta pensif en fixant le tableau.

— C'est incroyable, dit-il après un moment. Vous créez ainsi votre propre "effet Pygmalion". En offrant un environnement dans lequel les gens aiment travailler, grâce au gymnase, au Vipnase, au choix des horaires de travail, au hockey et à tout le reste, les employés ne démissionnent pas de DLGL. Et parce qu'ils y restent, ils deviennent plus efficaces dans leur travail.

» Lorsqu'ils deviennent si efficaces qu'ils ont du temps libre, au lieu de les renvoyer chez eux, vous dirigez leurs efforts sur la recherche et développement, ce qui, au bout du compte, permet à tout le monde de s'améliorer. Éventuellement, vous pouvez accepter plus de clients sans augmenter le nombre d'employés.

Joe laissa échapper un lent sifflement et reprit :

— C'est tout un système.

— Donc, poursuivit Jacques, pour répondre à votre question de tout à l'heure où vous vous demandiez comment je m'assurais d'avoir la bonne personne disponible, si l'expertise d'un employé est requise, il utilise son temps prévu pour la recherche et développement afin de répondre aux besoins du client, puis il retournera à la recherche et développement.

— C'est aussi simple que ça ? demanda Joe.

— Non seulement c'est simple, mais c'est très efficace. Je vais vous le démontrer.

Chapitre 42

— Voici comment fonctionnent nos compétiteurs, commença Jacques. Disons qu'ils gagnent un nouveau client dans le milieu bancaire. Comme je vous l'expliquais auparavant, les consultants responsables du projet n'ont pas nécessairement d'expérience auprès d'un client dans le domaine bancaire. Il se trouve qu'ils sont disponibles, alors on leur confie le projet. Dès le départ, ils ne seraient pas aussi efficaces qu'ils le devraient.

» Supposons qu'il y ait un individu dans toute la compagnie qui soit un expert du domaine bancaire, car il aurait été impliqué dans un ou deux projets du genre auparavant. Pour lui permettre de participer au projet, ou du moins de participer à certaines réunions concernant des aspects spécifiques, il faudra trouver un moment dans son agenda ou peut-être même le faire voyager.

» Le problème est que cette personne est déjà très occupée, sinon on l'aurait dès le départ affectée au projet. Donc, lui demander de participer à un niveau ou à un autre exigera qu'elle délaisse le projet sur lequel elle travaille déjà. Forcément, ce projet prendra du retard sur l'échéancier. Ou alors, la personne devra travailler des heures supplémentaires pour ne pas prendre de retard. Donner un coup de main à l'équipe désignée pour le projet bancaire ne l'enchantera pas.

» Mais, disons que vous contournez toutes ces difficultés et que vous parvenez à obtenir l'aide de l'expert. Avant qu'il puisse vous

Chapitre 42

aider, vous devrez passer une journée ou deux à lui expliquer tout le dossier et toutes les étapes réalisées jusque-là. Sinon, comment pourrait-il vous aider ? Puis, l'expert vous donne son avis et retourne au projet sur lequel il travaillait déjà.

» Toutefois, deux jours plus tard, sa solution a créé de nouveaux défis, de nouveaux problèmes à surmonter. Que faites-vous, alors ?

— Vous reprenez le processus avec l'expert, dit Joe.

— Exactement ! confirma Jacques. Chez nous, c'est différent. Tout notre personnel est dans la boîte. Vous avez une question au sujet du domaine bancaire ? Les meilleurs employés pour y répondre font déjà partie de l'équipe. Il vous manque encore une information ? La personne pouvant y répondre est dans l'édifice. Prenez rendez-vous avec elle et l'équipe et discutez. Et comme vous n'avez pas à composer avec une solution unique venant de l'extérieur, la personne a rapidement le topo de la situation. Et comme nos gens vivent et respirent notre système depuis seize ans, il n'a plus de secret pour eux.

Jacques sourit.

— Nous pouvons résoudre en une heure ce qui peut prendre jusqu'à trois semaines à nos compétiteurs.

— Et comme vous aviez du temps disponible pour la recherche et développement, la personne à qui l'on demande de l'aide ne prend aucun retard sur son travail et est disposée à "participer", conclut Joe.

— Tout à fait, confirma Jacques. Surtout en pensant au fait que son boni est relié à la performance de la compagnie et à sa contribution personnelle.

— Un boni ?

— Nous parlerons du boni plus tard, spécifia Jacques en souriant. Je vous le promets. Pour l'instant, vous avez raison. Notre *positionnement* en ce qui a trait à la recherche et développement est en partie ce qui nous permet d'orienter rapidement nos ressources et de faire mieux et plus pour nos clients.

Joe sourit à son tour.

— Et quoi d'autre ?

Chapitre 43

Jacques pointa de nouveau le schéma, précisément les cubes entourant le cercle.

— La force d'un système réside dans son intégration. Un élément efficace du système pourrait-il être tout aussi efficace ailleurs ou autrement ? Chaque composante interagit-elle avec les autres ? Un élément ayant des répercussions positives sur tout le système peut-il avoir un impact encore plus important ?

» Lorsque nos compétiteurs vendent un système universel à un client, quelque chose doit toujours en être personnalisé. Toujours. Comme je vous l'expliquais plus tôt, le client engage quelqu'un pour ajuster le système préconçu. Ça peut devenir un énorme mandat. Des centaines de milliers ou même des millions de dollars en temps et en efforts.

» Dans cette vision, un seul client profite de ce système modifié.

— Mais, seulement jusqu'à ce qu'une autre version du système soit disponible, fit remarquer Joe.

— Exactement.

— Tandis que dans la perspective de DLGL… ?

— Chez nous, lorsque nous créons un système pour un client, notre création nous appartient. Lorsqu'elle peut servir, en tout ou en partie, à la majorité de nos clients, nous l'incorporons dans notre système de base. Ou, du moins, nous la rendons disponible comme option pour les clients qui pourraient en tirer profit.

Joe regarda Jacques avec étonnement.

— Vraiment ? Donc, si je suis un client et que j'ai payé un million de dollars à DLGL pour qu'elle crée une nouvelle technologie pour mon entreprise, tous les autres clients de DLGL pourraient en profiter ? Je serais porté à croire que certains clients ne doivent pas toujours apprécier cela…

— Parfois, nous devons fournir des explications, avoua Jacques, mais les gens comprennent rapidement.

Jacques se plaça devant le tableau blanc.

— Premièrement, vous auriez dépensé ce million de dollars de toute façon. Peu importe le projet, il vous procure un bénéfice qui excède la somme investie, sinon vous ne l'auriez pas investie.

— Vrai, confirma Joe.

— Deuxièmement, vous contribuez à l'amélioration de notre propre système global, ce qui signifie que les autres en profitent gratuitement, mais vous, qu'obtenez-vous gratuitement ?

Joe balança la tête démontrant ainsi qu'il saisissait le concept.

— Tout ce que les autres ont payé ou paieront pour que DLGL crée un système quelconque, dit Joe. J'en bénéficie. Je peux soit investir mon million dans un système unique qui vaut cette somme, soit investir ce million et en retirer non seulement la technologie

Chapitre 43

que l'on aura créée pour mon entreprise, mais aussi l'accès à toute la technologie que DLGL créée pour ses autres clients.

Jacques approuva.

— Exactement, Joe. Votre million de dollars vous procure ce dont vous aviez besoin, plus une technologie d'une valeur de 10 millions de dollars sélectionnée pour vos besoins particuliers parmi des technologies évaluées à plusieurs dizaines de millions.

— Certaines de ces technologies ne me seront peut-être pas utiles, fit remarquer Joe.

— Peut-être, rétorqua Jacques, mais d'un autre côté, vous ignoriez peut-être en avoir besoin ou vous n'aviez jamais envisagé de les obtenir à cause de leur coût élevé.

Jacques sourit et poursuivit :

— En général, nous aidons nos clients à prospérer avec des moyens dont ils ignoraient l'existence ou pour lesquels ils ne pouvaient investir la valeur réelle s'ils avaient dû les faire créer.

Joe laissa échapper un sifflement en guise d'appréciation.

— Donc, si je suis client, je suis plutôt heureux de l'investissement de mon million !

— Et il y a une raison de plus d'en être heureux, une très bonne raison, renchérit Jacques.

— Laquelle ? demanda Joe en souriant.

— Qu'arrive-t-il si votre système nécessite des changements ? Si une nouvelle mesure gouvernementale influence les paies ? Si une nouvelle technologie fait son apparition, comme les tablettes électroniques ou les appareils mobiles ? Si la façon dont vous voulez accéder à vos informations change ?

Joe réfléchit un instant. Il considéra tout ce qui avait été dit jusque-là. Il siffla de nouveau.

— Le changement que vous apporterez se répercutera sur le système global. Comme tout avait été intégré dès le début et que les personnes qui ont conçu le système ont aussi créé les modifications et fait le suivi sur le plan du soutien, tous les changements seront transmis au système complet.

Jacques approuva.

— Voilà les raisons qui nous permettent d'augmenter notre clientèle de 20 % sans ajouter de membres à l'équipe. Et vous savez ce dont je suis convaincu, Joe ?

Joe fit signe que non.

— Si un dirigeant y pense bien, tous ces concepts peuvent être mis de l'avant dans presque toutes les entreprises.

Chapitre 44

Debout, devant le tableau blanc, Joe réfléchissait. Il tentait d'assimiler tout ce qu'il venait d'entendre. Les explications de Jacques avaient été à la fois simples et profondes. Joe avait l'impression d'admirer un cristal. Chaque composante était parfaitement formée, reliée et intégrée. Chacune était impressionnante en elle-même. Mais, toutes les composantes, vues comme un tout, formaient un ensemble vraiment magnifique.

Il réalisa que la valeur de ce qu'il venait d'entendre allait au-delà de la beauté du système. Un bijou en lui-même. Le système était intégré à la culture de l'entreprise, à sa philosophie, à ses gens, à l'édifice… Tout était relié.

Joe n'arrivait pas à tout englober dans son esprit tant il était émerveillé. Il se sentait devant quelque chose de spectaculaire.

Assis devant le tableau blanc, il songeait à quel point DLGL avait le potentiel d'inspirer de très nombreux dirigeants. Depuis qu'il faisait partie de Derale Enterprises, Joe avait travaillé à partager de puissants concepts de gestion avec de grands *leaders*. C'était l'une de ses fonctions principales dans l'organisation. Il avait pu constater les effets de ces partages dès que les *leaders* incorporaient les idées dans leur propre équipe, leur division et leur compagnie. Tout cela avait porté les idées de base à un niveau supérieur.

Joe savait que s'il pouvait se faire sa propre idée de tout ce qu'il avait vu et entendu chez DLGL et s'il parvenait à bien l'expliquer, l'effet de répercussion serait majeur.

Chapitre 45

Le téléphone de Jacques sonna. Après une brève discussion, Jacques raccrocha.

— Le journaliste est arrivé, annonça-t-il. Louise le conduit jusqu'à nous. Il s'appelle Gilbert Morin, de la revue *Excellence*, l'une des plus prestigieuses revues d'affaires au pays.

Peu de temps après, Louise s'approcha de nous. Elle escortait un homme élégamment vêtu. Après nous l'avoir présenté, Louise retourna vers son bureau.

Jacques serra la main de l'homme et présenta Joe.

— Gilbert, j'aimerais vous présenter un de mes amis, Joe Pogrete. Il travaille sur un article, un peu comme vous. J'ai donc pensé qu'il pourrait assister à l'entrevue, si ça ne vous dérange pas, bien sûr.

— Ça ne me dérange pas du tout, répondit l'homme. Heureux de vous rencontrer, Joe. Je suis Gilbert Morin.

— Enchanté, répondit Joe en souriant.

— Après vous, dit Jacques en désignant une table.

Les trois s'assirent.

— Alors, que puis-je faire pour vous, monsieur ? demanda Jacques à Gilbert.

Gilbert sourit.

— Je suis à la chasse, Jacques, à la chasse aux secrets de DLGL ! Nos lecteurs ont vu la nouvelle au cours du dernier mois. Vous avez gagné le prix du meilleur employeur non seulement au Québec, mais également au pays. Nos lecteurs veulent savoir ce que vous faites de particulier afin de pouvoir reproduire le modèle dans leurs propres compagnies.

Jacques sourit et étendit les mains.

— Je suis tout à vous !

Gilbert sortit une plume et un carnet de notes.

— J'aimerais commencer en vous demandant de quelle façon vous dénichez de bons employés, Jacques. Quel est votre processus de recrutement pour trouver le meilleur talent et l'amener à travailler chez DLGL ?

Joe se montra très intéressé par la question pour son propre article. Il n'avait pas encore parlé de cet aspect avec Jacques.

Jacques réfléchit quelques instants. Il pesa bien ses mots.

— En réalité, nous ne recrutons personne, dit-il. Du moins, pas de façon traditionnelle, par exemple en recherchant les diplômés des écoles ou en essayant d'inciter une personne à démissionner de son emploi pour l'attirer chez nous. Nous faisons plutôt le contraire. Nous recevons beaucoup de propositions de gens qui souhaitent venir chez nous.

Chapitre 45

Jacques se leva et se dirigea vers son bureau. Il ouvrit un tiroir, attrapa un épais dossier qu'il rapporta à la table.

— Voici ce dont je vous parle, dit-il en tendant à Gilbert et à Joe quelques lettres tirées du dossier.

Les deux hommes les parcoururent rapidement. Gilbert sourit en résumant l'une des lettres.

— C'est plutôt surprenant. La femme mentionne qu'elle sait que vous n'êtes pas en processus d'embauche, mais qu'elle a lu un article au sujet de DLGL et de vous, Jacques. Elle dit avoir toujours voulu travailler pour une compagnie comme la vôtre. Elle vous demande de conserver sa candidature au cas où vous auriez besoin d'une personne comme elle.

— C'est typique, disons, confia Jacques. Les gens entendent parler de nous par les reportages ou par les honneurs que nous recevons. Ceux qui sont très motivés nous écrivent, comme cette femme.

Il sourit en ajoutant :

— Une fois, nous avons reçu une lettre d'une femme en Australie. Elle avait lu un article à notre sujet et nous informait qu'elle serait prête à déménager à Montréal pour travailler chez nous. C'est un sacré compliment, tout de même.

— Engagez-vous des gens qui vous écrivent de telles lettres ? demanda Gilbert.

— Parfois, avoua Jacques. D'abord, nous leur répondons toujours par une jolie lettre les remerciant de leur intérêt. Nous les avisons que nous conservons leur candidature pour un éventuel besoin. Et, bien que nous engagions rarement de nouveaux employés ces temps-ci, il fut un temps où nous consultions les candidatures des classeurs et joignions certaines personnes.

Jacques fouilla dans ses souvenirs.

— Je crois qu'une fois, la personne avait envoyé sa lettre trois ans auparavant, et je pense qu'une autre devait remonter plus loin que cela encore.

— Et les gens étaient toujours intéressés ? demanda Gilbert.

Jacques fit signe que oui.

— Ceux qui nous avaient écrit pour les bonnes raisons nourrissaient encore ces bonnes raisons. Alors, oui, ils souhaitaient toujours faire partie de notre équipe. Je ne crois pas qu'une personne nous ayant déjà écrit ait refusé notre offre.

Gilbert passa en revue les autres lettres qu'il tenait, puis les redonna à Jacques, tout comme Joe.

— Donc, vous ne recrutez pas vraiment de gens, résuma Gilbert. Vous n'avez pas à le faire parce que ce sont les gens eux-mêmes qui tentent d'attirer votre attention.

Jacques fit signe que oui.

— Nous n'avons pas besoin de concentrer des ressources sur le recrutement.

— Vous avez dit ne pas engager souvent du nouveau personnel, reprit Gilbert. Quel est votre taux annuel de rotation du personnel ?

— Zéro, répliqua Jacques sans hésiter.

Chapitre 45

Gilbert fixa Jacques, étonné.

— Zéro ?

— Parfois, nous devons nous départir d'un employé, dit-il, comme le cas dont nous avons parlé hier soir, ajouta-t-il en regardant Joe, mais notre taux annuel de roulement de personnel est de zéro.

— À quelle fréquence procédez-vous à l'embauche de nouveau personnel ? demanda Gilbert.

Jacques réfléchit un instant.

— Pas souvent, vraiment pas souvent. La dernière personne que nous avons engagée est une entraîneuse personnelle à temps plein. Elle travaille à notre Vipnase.

— Vipnase ? fit Gilbert, surpris.

Jacques décrivit le Vipnase et tous les avantages qui y sont reliés. Encouragé par Gilbert, Jacques passa les dix minutes suivantes à décrire plusieurs autres installations au service des employés de DLGL.

Joe observait Gilbert. Il devinait sa surprise en écoutant tout cela.

Lorsque Jacques eut terminé, et que Gilbert eut achevé de prendre des notes, ce dernier s'exclama :

— C'est vraiment étonnant !

Il réfléchit un moment, tapota son bloc-notes et poursuivit :

— Il y a quelque chose que je ne saisis pas, Jacques. Vous avez dit engager très rarement du nouveau personnel. D'ailleurs, la dernière personne que vous avez engagée n'est même pas impliquée directement dans les tâches courantes de l'entreprise. La croissance ne vous intéresse-t-elle pas ?

Jacques sourit. Joe savait qu'une explication savoureuse s'annonçait.

Chapitre 46

— Notre philosophie au sujet de la croissance est très simple, commença Jacques. Nous voulons être aussi petits que possible pour pouvoir nous offrir un département de recherche et développement et continuer à « botter » le derrière de nos compétiteurs.

Gilbert et Joe éclatèrent de rire.

— Donc, vous n'avez pas connu de croissance depuis longtemps? demanda Gilbert.

— Disons que la croissance se mesure de différentes façons, reprit Jacques. La quantité de clients que nous servons a augmenté. Nos revenus et nos profits ont aussi augmenté. Pour y parvenir, nous n'avons pas eu à augmenter notre personnel ou la taille concrète de notre entreprise dans la même proportion.

Jacques fixa Gilbert.

— Vous avez dit être à la chasse. Eh bien, voici un gros morceau du butin. L'une des questions les plus importantes qu'un dirigeant puisse se poser est la suivante : "Quelle taille veux-je que mon entreprise atteigne et pourquoi?" Les gens qui démarrent une entreprise semblent toujours se perdre dans le tourbillon de la croissance. Ils finissent par mal faire les choses, comme l'embauche.

» Ils gagnent un nouveau client et ils ont alors besoin de quelqu'un pour le servir. Ils ont peu de temps pour chercher la bonne personne et engagent quiconque est disponible.

» Et je peux comprendre cela. Lorsque vous êtes une entreprise de petite taille et que vous compétitionnez avec des compagnies majeures, il peut sembler difficile d'attirer les gens de talent. Pourtant, c'est là que votre valeur ajoutée entre en jeu.

— La valeur ajoutée ? demanda Gilbert.

— Comme dirigeant, ai-je pris le temps de clarifier qui nous sommes en tant qu'organisation ? Puis-je dire facilement où nous allons et ce que nous voulons réaliser ? Ces aspects inspireront les gens à vouloir faire partie de votre organisation. Sinon, vous n'aurez que des gens qui sont là parce qu'ils ont besoin d'un boulot et que vous en offrez un.

» Au cours de la réflexion au sujet de qui vous êtes, de votre but, de ce que vous faites, il y a la décision du rôle que jouera la taille de votre organisation. Voulez-vous être la plus grande compagnie dans votre domaine ? Voulez-vous l'être seulement dans un créneau particulier ? Êtes-vous prêt à sacrifier la qualité pour la croissance ?

» Un facteur à ne pas oublier est celui du temps. Souhaitez-vous construire une compagnie en vous basant sur le long terme ? Ou planifiez-vous de créer une affaire et la vendre rapidement ?

Jacques laissa ses paroles se frayer un chemin chez ses interlocuteurs, puis il reprit :

— Si nous avions voulu être la plus grosse compagnie, ici, chez DLGL, tout aurait été différent. Absolument tout. Nous aurions un groupe de vendeurs qui cogneraient aux portes. Nous nous serions inscrits à la Bourse et nous aurions reçu plein d'argent. Nous aurions

Chapitre 46

parlé à des investisseurs en capital-risque. Nous aurions eu des partenaires pour l'implantation de systèmes qui ne se seraient pas souciés du résultat, mais qui n'auraient pensé qu'à "facturer" le plus tôt possible.

» Tout aurait été différent. Complètement différent.

Gilbert sourit tandis qu'il terminait de noter les paroles de Jacques.

— C'est un trésor, Jacques. Très puissant. Comme vous avez créé une culture d'entreprise qui inspire aux gens le désir de travailler ici, vous obtenez des gens très motivés dès le début. Et cette même culture les incite à rester avec vous, de sorte que vous développez une grande expertise et une meilleure productivité chez chaque employé. Tout cela vous permet de croître dans les sphères où vous choisissez de croître, et non là où vous ne le voulez pas.

— Exactement, confirma Jacques.

Gilbert jeta un coup d'œil à sa liste de questions.

— Jacques, lors de notre premier entretien téléphonique au cours duquel je vous priais de m'accorder cette entrevue, vous mentionniez la fidélité des employés envers DLGL et à quel point elle était importante au succès de la compagnie. En moyenne, vos gens ont seize ans d'ancienneté. Certains sont même ici depuis plus de vingt ans. Comment êtes-vous parvenu à empêcher vos compétiteurs, ou même vos clients, de venir puiser dans votre personnel au fil des ans ? Il me semble que, considérant votre succès, d'autres compagnies souhaiteraient attirer vos employés chez elles…

— Nous nous assurons que ça ne se produise pas, dit Jacques en souriant.

— Quel est votre secret ? demanda Gilbert, sourire en coin.

Chapitre 47

— Nous en avons un peu parlé auparavant, débuta Jacques. Nous créons un bon environnement. L'édifice, l'éclairage naturel, la nourriture gratuite, le gym, le Vipnase… Tout cela contribue au bien-être des employés. De plus, comme nous l'avons vu, déjà, les employés profitent d'un horaire flexible. Savoir que vous pouvez planifier votre vie quotidienne de façon à pouvoir déposer vos enfants à l'école ou aller les chercher est un avantage.

» Également, nous faisons confiance à la compétence des gens, jusqu'à preuve du contraire. Les gens sentent que nous leur faisons confiance. Ils n'ont pas constamment quelqu'un qui les épie par-dessus leur épaule.

» Tout cela nous place au sommet de la pyramide par rapport à ce qu'une compagnie peut offrir à ses employés. Il n'y a qu'un ou deux autres domaines pour lesquels un compétiteur peut tenter d'attirer l'un de nos employés.

— L'argent? demanda Gilbert.

— Oui, c'est pourquoi nous nous assurons d'offrir des salaires plus élevés que ce que le marché propose. Notre plan de bonis est aussi plus avantageux que quiconque.

— Un plan de bonis?

Chapitre 47

Jacques fit signe que oui.

— Chaque trimestre, tous les employés peuvent obtenir des primes. Parfois, ce sont des bonis individuels, comme celui récemment obtenu par Sylvie lorsqu'elle a cessé de fumer. Elle était notre dernière employée à avoir fumé.

» En d'autres cas, les bonis sont partagés, par exemple la prime de quinze mille dollars offerte chaque fois que l'on remplace un système d'un compétiteur.

Il sourit.

— Et le plus gros boni, qui est constamment en jeu, est celui rattaché à notre performance globale pour chaque trimestre. Résultats financiers, nouveaux clients…

— Est-ce que tout le monde y est admissible ?

— Absolument. Et c'est ce qui est le plus important. Si les gens ne sont pas collectivement alignés sur un but, vous perdez de la solidité et de la force. Avec notre plan, ou tout le monde gagne, ou tout le monde perd.

— Comment ce boni est-il distribué ?

— Il est versé durant les neuf premières semaines du trimestre suivant.

— Pourquoi ne pas le verser tout au long du trimestre entier ?

Jacques éclata de rire.

— Parce que, peu importe notre degré de dévouement à notre travail, nous sommes tous humains. Nous partageons tous des tendances humaines, si je peux dire. Et l'une d'elles est de tenir pour acquis ce qui est toujours dans notre vie. Ça vaut pour la température, nos relations, notre santé…

» En distribuant le boni sur neuf semaines plutôt que sur un trimestre entier, quelque chose d'intéressant se produit. À la dixième semaine, lorsque les gens reçoivent leur paie et que la prime n'y apparaît plus, ils prennent conscience de la différence et se rappellent à quel point la prime est appréciable. Ça nous garde sur le qui-vive et dans la gratitude.

Gilbert sourit en prenant des notes.

— En plus des salaires plus élevés que la moyenne et les primes, nous avons un généreux plan de retraite, reprit Jacques.

» Nous l'avons instauré peu de temps après le démarrage de la compagnie. Nous étions si petits à l'époque que nous avons dû supplier une importante compagnie d'assurance de gérer nos fonds. Ce plan de retraite fonctionne ainsi : après trois ans au sein de DLGL, un employé peut contribuer à ce plan jusqu'à 4 % de son salaire. La limite augmente de 0,5 % chaque année jusqu'à concurrence de 8 %. La compagnie donne l'équivalent de ce qu'y dépose l'employé.

» En considérant un rendement raisonnable sur notre investissement, et une augmentation normale des salaires, dans treize ou quatorze ans, le fonds de pension excédera un million par employé. C'est excellent si l'on considère que la plupart des gens ici sont actuellement en milieu de carrière.

Gilbert continuait à prendre des notes en écoutant Jacques. Il leva les yeux et sourit.

Jacques lui sourit en retour.

— Vous souriez ? À quel propos ?

Chapitre 47

— Il y a une constance dans ce que je constate chez DLGL, dit Gilbert. L'attitude est de bien faire les choses. Exceptionnellement bien ! Je me serais attendu à retrouver cette attitude chez une compagnie ayant une trentaine d'années d'expérience et dont je sais, par mes recherches, qu'elle entretient des relations à long terme avec ses clients. Mais, la façon dont vous liez cette approche à tout le reste m'impressionne beaucoup.

Jacques haussa les épaules.

— Si vous faites quelque chose, faites-le bien. Il n'est pas suffisant d'offrir un bon produit. Tout est interconnecté. La façon dont nous nous traitons les uns les autres, comment les gens sont récompensés, l'environnement au travail… Notre succès se base sur le fait que tout est bien fait.

Gilbert approuva.

— Ça se voit, effectivement.

— Et tout cela nous amène à l'un des aspects les plus importants dont nous n'avons pas encore parlé, dit Jacques.

— Lequel ?

— Le PEC.

Chapitre 48

— Le PEC ? fit Gilbert, intrigué.

— Oui, le PEC. C'est le Pointage d'Évaluation par les Collègues. Je vous explique. Vous avez mentionné notre dévouement à bien faire les choses. Vous avez raison. Nous nous interrogeons régulièrement pour trouver des façons de rendre l'expérience globale DLGL encore meilleure, et ce, tant pour nos clients que pour nos partenaires ou pour nous-mêmes…

» Une partie de la solution est déjà instaurée et nous venons d'en parler. S'assurer que chacun est récompensé financièrement lorsque nous obtenons de bons résultats collectivement nous permet d'inspirer chacun à ramer dans la même direction. Mais, il y a environ une vingtaine d'années, nous nous sommes aperçus que la récompense n'était pas suffisante. Notre système pouvait être amélioré, car ce n'est pas suffisant de récompenser les gens pour un effort collectif s'ils ne peuvent donner leur avis sur la façon d'améliorer cet effort collectif.

Gilbert sembla confus.

— Je ne suis pas sûr de vous suivre…

Jacques précisa sa pensée.

Chapitre 48

— Imaginez que je vous informe que vous pourriez recevoir un boni correspondant à 50 % de votre salaire si nous réalisons notre objectif en tant qu'entreprise, mais que vous n'aviez aucune possibilité d'émettre votre opinion sur le fait que les gens autour de vous font ou non leur part de l'effort demandé. Ça devient un problème si une ou des personnes n'apportent pas leur entière contribution. Vous n'avez pas la possibilité d'intervenir. Vous deviendrez de plus en plus frustré et, à la longue, vous serez moins motivé.

» Et c'est là que le PEC entre en jeu. Quatre fois l'an, chez DLGL, chacun évalue chacun, le concierge, les gens au soutien technique, la réceptionniste, moi... Nous évaluons chacun de nous.

» L'évaluation est anonyme et les résultats ne sont divulgués que sous l'aspect global, par exemple la moyenne globale. Nous connaissons alors une augmentation ou une diminution du pourcentage.

— Pourquoi ne pas donner le résultat à chaque personne concernée ?

— Parce que ce n'est pas tant le pointage de vos pairs qui importe que le mouvement général, répondit Jacques. Vous ne voulez pas voir un employé se vexer parce qu'il aura obtenu 7,6 au lieu de 7,65, surtout s'il avait obtenu 7,7 au trimestre précédent. Qu'est-ce qui a changé ? S'en tenir aux résultats globaux, sauf dans des cas extrêmes, permet d'éviter de telles situations.

» Nous disons aux gens de donner le meilleur d'eux-mêmes. De cette façon, les résultats montreront comment l'ensemble des employés évalue vos meilleurs efforts. Vous pouvez ne pas aimer le résultat ou ne pas le trouver représentatif de la réalité, mais si vous faites de votre mieux, il importera peu. Ce n'est rien de plus que la vision des autres.

» Actuellement, nous sommes dans une période de grande stabilité. Le plus bas pourcentage de PEC est de 7,73 tandis que le plus élevé est de 8,98, pour une moyenne globale de 8,11.

— Avez-vous défini un pourcentage qui vous inciterait à intervenir, à discuter du résultat avec une personne en particulier ? demanda Gilbert.

Jacques fit signe que oui.

— Une différence, à la hausse ou à la baisse, de 0,2, m'indique que c'est le temps de passer à l'action.

— Et que faites-vous ?

— Si la variation indique une baisse, je prends le téléphone, j'appelle la personne et je lui dis que son PEC est à la baisse de 0,2 ou de 0,4, peu importe. Puis, je lui dis que je n'ai aucune idée de ce qui explique cette baisse, mais qu'elle, elle le sait sûrement. Je lui demande de corriger la situation, puis je raccroche.

Gilbert se mit à rire.

— C'est tout ?

— C'est suffisant, rétorqua Jacques en haussant les épaules.

— Et si la variation indique une hausse ?

— J'appelle la personne, je lui dis que son PEC est en hausse de 0,2 ou de 0,4, peu importe. Je lui dis que je n'ai aucune idée de ce qui explique cette hausse, mais qu'elle, elle le sait sûrement. Je lui dis de continuer son bon travail, puis je raccroche.

Gilbert rit de plus belle.

Chapitre 48

— Bref et direct!

— Ça fonctionne! dit Jacques en souriant et en haussant les épaules une fois de plus.

— Combien de temps accordez-vous aux gens pour corriger la situation lorsque leur PEC est en baisse?

— Habituellement, le premier appel suffit à corriger la situation. Les gens savent ce qu'ils ont à faire. Peut-être ont-ils été bougons dernièrement à cause d'une situation à la maison. Peut-être ont-ils vécu un affrontement avec une autre personne, ce qui a causé un problème particulier. Quoi qu'il en soit, les gens savent très bien ce qui ne va pas. Et une fois que le PEC le démontre, ils savent qu'ils doivent corriger la situation.

» Si les choses continuent à se détériorer, nous faisons tout ce que nous pouvons pour transférer la personne dans une autre équipe de service de la compagnie et lui confier un rôle qui lui convient mieux ou nous nous efforcerons de régler la situation à l'origine du problème.

» Personne n'est congédié à cause du PEC. On peut remercier quelqu'un pour une variété de raisons qui font que le PEC est ce qu'il est. Mais, avec le PEC, nous voyons venir tout cela.

» Et cet outil rend les rencontres de licenciement beaucoup plus faciles, lorsqu'elles sont nécessaires. Il ne s'agit plus d'une administration déficiente qui pense que vous devez partir ou qui prétend que vous ne répondez pas suffisamment à ses attentes. C'est tout le monde dans l'entreprise qui le mentionne. Vous avez été averti, vous avez eu la chance de corriger le tir, mais vous ne l'avez pas fait.

Jacques remua la tête.

— Ces conversations de départ sont rares, mais lorsqu'elles deviennent nécessaires, c'est ainsi que ça se déroule. À titre d'information, les gens qui ont eu moins que 7,3 de PEC par le passé ont fini soit par partir d'eux-mêmes ou par être remerciés.

Gilbert balança lentement la tête.

— C'est étrange, car vous avez une moyenne d'ancienneté remarquable. J'ai peine à imaginer une situation où une personne errerait à un point tel que les autres lui octroieraient un PEC à la baisse. On serait porté à penser qu'ils corrigeraient cela ensemble.

— Ça n'arrive pas souvent, spécifia Jacques. Seulement à quelques reprises au cours des trente dernières années, mais, oui, ça se produit. Les gens sont humains et parfois ils font d'étranges choses. Il arrive que des gens soient ici depuis si longtemps qu'ils oublient ce qu'ils ont comme avantages. Des gens sont partis déjà et ont essayé de revenir après avoir passé quelque temps ailleurs.

Gilbert compléta ses notes, puis regarda Jacques.

— Avez-vous une copie de la feuille d'évaluation PEC ? J'aimerais voir sur quoi se base l'évaluation ?

Jacques se leva et prit son portable sur son bureau.

— Je vais vous la montrer.

Chapitre 49

Gilbert regarda l'écran. On y lisait le nom de chaque employé et une échelle de un à dix à côté de leur nom.

— Tout ce que vous devez faire, c'est aller ligne par ligne, personne par personne, et cliquer sur le chiffre qui vous semble juste pour cette personne, expliqua Jacques. Ça ne prend que quelques minutes et ça demeure confidentiel. Puis, le logiciel compile les données. Le dirigeant peut ensuite consulter les résultats dans un tableau.

— Incluant les appels téléphoniques que vous devez faire ? dit Gilbert en pointant une petite icône symbolisant un téléphone près du nom de certaines personnes.

Jacques balança la tête en guise d'approbation.

— C'est très clair, dit Gilbert.

Puis, il observa de nouveau la page de pointage et désigna du doigt un texte.

— Les instructions sont très intéressantes.

Au début de la feuille de pointage, on pouvait lire le texte suivant :

Le PEC concerne plus les efforts que les résultats absolus. Les résultats attendus sont déjà évalués par le salaire de base d'un employé. Le PEC sert à évaluer la bonne volonté, les efforts, l'acceptation des objectifs du groupe, la disponibilité pour aider les autres et l'empressement à le faire, l'intérêt sincère dans le service à la clientèle, l'attention à la qualité... Bref, ce que nous endossons en tant qu'organisation. Il ne s'agit pas de savoir si vous aimez ou non le style de vie d'une personne. Gardez cela à l'esprit.

— Au début, les gens se sont butés à ces instructions, avoua Jacques. Ils souhaitaient des consignes plus spécifiques. Mais, l'idée derrière un résultat global, c'est que, justement, il soit global. Pour une personne, le point de référence concernant un collègue peut être aussi simple que définir s'il est amical dans la salle de pause ou le hall d'entrée. Pour une autre, ce sera la performance d'un collègue sur un projet auquel ils auront tous les deux participé au cours de la dernière année. Le spectre est large, ce qui favorise la vue d'ensemble.

Gilbert écouta Jacques tout en continuant d'observer la grille de pointage. Des précisions supplémentaires se trouvaient près des nombres.

10 – (Meilleur pointage) Excellent. Au-delà de ce que la tâche exige. Parfait, ou tout autre mot exprimant la perfection.

8 – Très bien. Au-dessus de la moyenne. Peut s'améliorer sur certains points.

7 – Moyen. Normal selon les standards du marché. Peut faire mieux.

5 – Pas très bon en ce moment. Modification à prévoir.

3 – Mauvais. Les choses devront changer rapidement.

Chapitre 49

1 – Très mauvais. Ne s'améliorera jamais. Ne devrait pas travailler ici.

A. O. (Aucune opinion) – Concernant les gens sur lesquels vous n'avez aucune opinion, indiquez A. O.

— Le but était de rester dans la simplicité, spécifia Jacques. Et ces références nous le permettent. Nous les avons quelque peu modifiées au fil des années, mais de façon générale, elles fonctionnent très bien ainsi.

— Combien de « A.O. » obtenez-vous ? demanda Gilbert.

— Nous informons les gens qu'il est normal d'inscrire quelques A. O., mais qu'il ne faut pas non plus tomber dans la paresse. Il n'est pas nécessaire de connaître parfaitement un collègue pour avoir une opinion sur lui. Nous leur demandons de s'assurer cependant qu'il s'agit de leur propre opinion et non de celle entendue ici et là.

— Donc, le PEC comble le besoin dont vous faisiez mention auparavant, résuma Gilbert. Il permet aux gens de donner leur avis lorsque leurs collègues se comportent bien ou non. Il leur donne la chance de s'exprimer.

— Les gens peuvent toujours s'exprimer, reprit Jacques. N'importe qui peut venir me parler, ou parler avec l'un des directeurs, en tout temps. Mais, vous avez raison, le PEC leur donne une autre voie pour s'exprimer, confidentiellement, cette fois. Et j'insiste, le PEC nous fournit, en tant qu'organisation, l'opinion globale.

— Les gens prennent-ils le PEC au sérieux ?

— Oui, en partie parce que les employés ont le profond désir de voir DLGL bien réussir. Nous nous servons, entre autres, du PEC pour déterminer le boni trimestriel de chaque employé. Ça stimule l'importance qu'on lui accorde.

Gilbert fit une pause.

— Donc, le PEC trimestriel aide vraiment à créer la culture d'entreprise chez DLGL, ce qui, en retour, favorise le succès.

Jacques approuva d'un signe de la tête.

— Le groupe, dans son ensemble, sera très sévère à l'endroit de quelqu'un qui n'apporte pas sa juste contribution. Le PEC amène donc les gens à rester concentrés, à participer, à être gentils…

— À être gentils ? demanda Gilbert.

— Bien sûr, rétorqua Jacques. Peut-être que votre seule interaction quotidienne avec un autre employé sera lorsque vous le croiserez le matin à votre arrivée. Vous évaluerez le PEC de cet employé sur la base de cette seule interaction. Est-il amical ? Sourit-il ? Vous salue-t-il ? S'il est bourru, votre évaluation le reflétera. Forcément, le PEC incite les gens à démontrer de la gentillesse.

Gilbert nota les paroles de Jacques.

— J'adore ça, dit-il. Je constate que c'est un puissant outil sur bien des plans. Et quand avez-vous implanté le PEC ? ajouta-t-il.

Jacques dut réfléchir quelques instants.

— Nous avons implanté le PEC dès l'époque où nous avons atteint le cap de 25 employés. Il devint alors évident que nous avions dorénavant besoin d'un outil du genre. C'est là que nous avons conçu le PEC.

— Comment les gens ont-ils réagi lorsque vous leur avez annoncé la nouvelle ?

Chapitre 49

Jacques se mit à rire.

— Eh bien, nous avons relié immédiatement le PEC à un nouveau boni, ce qui a possiblement facilité les choses.

Puis, il devint sérieux.

— La vérité, c'est que les gens veulent « contribuer ». Ils veulent faire une différence. Le PEC leur permet d'y arriver. La seule chose que je ferais différemment, si c'était à refaire, ce serait d'instaurer le PEC plus tôt !

Chapitre 50

Gilbert fouilla dans ses notes.

— Jacques, vous avez dit que selon votre façon de considérer la gestion et votre faible taux de rotation du personnel, vous n'avez pas besoin d'engager beaucoup d'employés.

» De toute évidence, vous avez su engager les bonnes personnes au fil du temps, sinon vous n'auriez pas connu le succès qui est le vôtre. Auriez-vous des conseils à donner à des dirigeants qui sont en processus d'embauche ? Ceux, par exemple, qui débutent en affaires ou qui doivent remplacer quelqu'un ?

» Vous avez mentionné, plus tôt, l'importance de bien cerner votre compagnie – votre but, votre direction, les accomplissements visés. Disons qu'un dirigeant a clairement établi l'identité de sa compagnie, qu'en est-il du processus d'embauche à proprement parler ? Que doit-il rechercher chez un candidat ?

Jacques se cala sur sa chaise et mit ses mains derrière la tête.

— Le processus de sélection n'a pas une si grande importance, dit-il au bout d'un moment. Vous voulez engager une personne orientée vers ce que vous offrez, car ce n'est pas tout le monde qui le sera.

» Par exemple, et cela surprend toujours les gens qui ne nous connaissent pas, une part de notre succès est relié au fait de ne pas avoir engagé trop de personnes hyper performantes.

— Vraiment ? s'étonna Gilbert.

— Une personne très performante n'est pas vraiment orientée vers une définition commune d'un objectif ni vers une définition commune du succès. Elle a plutôt une définition personnelle de ces aspects qui passera avant tout le reste. Peut-être réalisera-t-elle de beaux accomplissements au début, mais, à la longue, elle finira par pomper l'air de tous ses collègues.

» Comme je vous l'ai expliqué déjà, notre succès et notre croissance viennent du succès à long terme de chacun, non de quelques individus. Pour une personne déterminée à être la "vedette" du groupe, l'idée du succès collectif de tous ne l'interpelle pas vraiment. Elle veut surtout se démarquer.

— En entrevue, comment déterminez-vous si une personne partagera les valeurs de l'organisation ? demanda Gilbert.

Jacques lui sourit.

— J'observe, dit-il en gloussant. Lorsque les gens atteignent dix ans de service au sein de DLGL, nous tenons une petite cérémonie. Les gens ont alors la chance d'obtenir la somme de cinq mille dollars s'ils font un discours de dix minutes relatant leur parcours chez DLGL. Presque chaque fois, les gens font mention de leur entrevue d'embauche.

Gilbert sourit.

— Pourquoi donc ? Que faites-vous lors des entretiens d'embauche ?

Jacques haussa les épaules.

— J'explique qui nous sommes, notre façon de penser et le topo général de DLGL et j'observe les réactions des interviewés. J'essaie de savoir si les personnes sont vraiment disposées à adopter notre culture d'entreprise. Je ne m'arrête pas tant que mon opinion n'est pas faite.

Gilbert approuva d'un signe de la tête.

— Recherchez-vous des indices visuels ou verbaux ou suivez-vous tout simplement votre instinct ? En fait, comment arrivez-vous à savoir si la personne adoptera votre culture ou non ?

— Je le sais, c'est tout. Lorsque les gens me regardent, je peux dire s'ils me croient cinglé. Je le vois dans leur regard.

» Un jour, j'interviewais une personne durant une entrevue d'embauche. Je lui ai confié que peu de nos employés divorçaient de leur conjoint. La personne me regarda comme si j'étais fou de dire une telle chose en entrevue. Je lui ai expliqué que je ne prétendais pas que DLGL était responsable de ce faible taux de divorce, mais que nos employés n'étaient pas soumis à des situations si stressantes qu'elles finiraient par briser des familles.

» Nous ne créons pas les familles et nous ne les maintenons pas unies, mais nous ne les brisons pas non plus. Nous nous tenons en dehors des histoires familiales. Nous ne demandons pas à nos employés de travailler soixante-dix heures par semaine. Trente-cinq ou trente-sept sont suffisantes. Ça leur laisse du temps pour nourrir les autres aspects de leur vie, dont leur famille.

Jacques se mit à rire et poursuivit :

— Je n'en reviens pas lorsque je lis que des compagnies offrent à leurs employés des services de nettoyage à sec ou de ménage.

Chapitre 50

C'est merveilleux s'ils disent aussi à leurs employés de ne pas exagérer par rapport à leur temps au travail. Sinon, ces services ne sont que des façons de justifier pourquoi elles exigent de leurs employés de faire un nombre d'heures beaucoup trop élevé. Ça devient une façon de garder les employés au travail le plus d'heures possible.

» Pourquoi ne pas tout simplement leur laisser du temps pour s'occuper eux-mêmes de leurs obligations personnelles ou familiales ? Leur permettre d'aller voir leurs enfants jouer au soccer ou de souper en famille ?

— Donc, les personnes que vous recevez en entrevue croient que vous êtes quelque peu cinglé lorsque vous leur parlez de tout cela...

— Disons que je m'aperçois qu'elles cherchent le rapport de mes propos avec l'emploi. Alors, bien sûr, je vais un peu plus loin et je leur demande ce qu'elles en pensent. À la longue, il devient évident qu'elles ne seront pas vraiment des éléments pouvant s'intégrer au tout.

Jacques se mit à rire.

— En fait, je pense que c'est l'un ou l'autre de mes deux critères favoris qui m'indique si la personne conviendra ou non.

— De quels critères parlez-vous ? demanda Gilbert.

— J'explique aux interviewés que nous recherchons une personne encline au bonheur. Puis, je leur demande s'ils le sont. S'ils le sont, je leur dis alors que nous ne perturberons pas cette disposition.

— Il me semble que tout le monde est ouvert au bonheur, non ? dit Gilbert en souriant.

Jacques secoua la tête.

— Ici, chez DLGL, oui, sinon les personnes ne seraient pas chez nous. Par contre, à l'extérieur, non. Je ne peux pas dire que tous les gens soient ouverts au bonheur. Leurs systèmes de croyances sur eux-mêmes, sur la vie, sur ce qui est juste ou non, leurs choix… Beaucoup de gens font des choix qui sabotent leur propre bonheur. Et dans un groupe, ils vont aussi saboter le bonheur des autres. Ce n'est pas le type de personnes que vous désirez dans votre organisation.

Gilbert ajouta des notes à son cahier.

— Être enclin au bonheur… D'accord, c'est noté.

Il regarda Jacques.

— Vous avez parlé d'un deuxième critère favori. Quel est-il ?

Jacques se cala de nouveau sur sa chaise et sourit.

— Maintenant que j'y pense, je suis presque sûr que ce deuxième critère est celui qui ébranle le plus les candidats. Je leur dis que nous recherchons une personne qui vient ici pour mourir !

Chapitre 51

Joe éclata de rire.

— Désolé, dit-il. Je ne voulais pas vous interrompre, mais avouez que c'est hilarant.

Gilbert se mit à rire lui aussi.

— Que voulez-vous dire exactement en balançant cela aux candidats ? demanda-t-il à Jacques.

— Nous ne recherchons pas des gens désirant passer deux ans ici, acquérir une certaine expérience, puis démissionner pour aller travailler dans une autre entreprise. Nous ne voulons pas être une étape sur la voie. Nous voulons être la voie.

» Les gens qui travaillent chez DLGL sont désireux d'apprendre, de faire des choses différentes, de relever des défis, de s'améliorer… Nous ne demandons pas à nos gens de faire chaque jour la même chose, la même tâche. Au contraire. Nous ne voulons pas d'une personne qui souhaite faire la même chose quotidiennement. Ce n'est pas notre modèle d'entreprise. Nous voulons des gens qui souhaitent faire partie d'un ensemble pendant très longtemps, car c'est notre vision du travail, notre modèle d'entreprise.

Jacques sourit un moment avant de reprendre :

— Donc, je dis aux candidats que nous recherchons une personne qui vient pour mourir. Je leur explique ensuite ce que ça signifie et j'observe leur réaction.

Gilbert cumula encore des notes.

— J'adore ça, vraiment, dit-il.

Au bout d'un moment, il regarda Jacques.

— Est-il arrivé que ça n'ait pas fonctionné comme vous le souhaitiez avec un candidat ? Quelqu'un semblait correspondre à vos critères lors de l'entrevue, mais il ne s'est pas avéré être l'employé que vous imaginiez ?

Jacques haussa les épaules.

— Peu importe vos efforts et vos évaluations, il y aura toujours quelqu'un qui, de temps à autre, vous dupera en vous laissant croire qu'il correspond à ce que vous recherchez. Mais, très rapidement, il est clair que ça ne fonctionnera pas. Et dès que c'est clair, vous devez agir promptement.

» Je me souviens d'une personne que j'avais engagée. Dès le premier jour au travail, je ne la reconnaissais plus. Elle était vêtue complètement différemment et elle se comportait même différemment. Elle était littéralement une autre personne que celle rencontrée en entrevue.

— Combien de temps vous a-t-il fallu pour la licencier ? demanda Gilbert.

— Quatre jours.

Chapitre 51

— Quatre jours ?

— Quatre longs jours, dit-il en souriant et en balançant la tête. À l'époque, nous étions une plus petite compagnie. La personne travaillait directement avec moi. Je savais que ça n'irait pas. Et lorsque vous le savez, vous devez agir tout de suite.

Il secoua la tête en riant.

— Oh là là… c'était une erreur. Depuis, tout le monde ici me taquine avec cet épisode.

— Pourquoi était-ce si important d'agir si rapidement ? demanda Gilbert.

— Parce que c'était injuste pour le reste des employés, répondit Jacques sans hésiter. Les gens travaillant chez DLGL retirent une grande fierté de leur travail. Pour eux, c'est plus qu'un simple boulot. DLGL fait partie de qui ils sont et de ce qu'ils font. Ce n'est pas juste pour eux d'accepter qu'une personne accomplisse un boulot insatisfaisant.

» De plus, comme nous en avons déjà discuté, nos plans de bonis permettent aux gens de partager le succès global de l'entreprise. Ce serait injuste pour eux qu'ils soient pénalisés financièrement parce que vous permettez à une personne d'offrir un rendement médiocre.

» Les gens ne s'attendent pas à ce que chacun soit un héros ou un génie. Vraiment pas. Par contre, ils s'attendent à ce que chacun fournisse autant d'efforts que les autres. Voilà tout.

Jacques secoua légèrement la tête.

— Ignorer un problème ne l'éloigne pas. Éventuellement, un problème volontairement ignoré s'enveninera. En tant que dirigeant, vous devrez y voir à un moment ou à un autre. Il est plus facile et plus efficace d'y voir dès le départ et de le régler rapidement.

» Si vous ne vous occupez pas du problème de performance immédiatement, vous perdrez vos meilleurs employés avant longtemps, et vous aurez alors de plus gros problèmes.

» À l'inverse, si vous ne récompensez pas les gens pour leurs bonnes performances, vous en perdrez certains, ce qui sera aussi un problème important.

» Nous avons parlé auparavant du PEC. C'est l'un de nos meilleurs outils pour savoir qui offre ou non une bonne performance, donc qui vous devez récompenser et qui vous devez laisser tomber.

Chapitre 52

Gilbert avait noirci des pages et des pages de notes. Joe avait l'intuition que le journaliste était très intrigué par tout ce qu'il entendait de Jacques.

— J'ai suffisamment de matériel pour compléter cinq entrevues, lança Gilbert à Jacques. Je vous remercie pour tout ce que vous avez partagé avec moi jusqu'ici, Jacques. J'aimerais ajouter quelques citations à la fin de mon article, de brèves suggestions que les dirigeants peuvent appliquer à la vision de leur entreprise.

» J'en ai déjà récupéré quelques-unes lors de notre discussion : "Sachez la taille d'entreprise que vous voulez atteindre et pourquoi, ou sachez qui vous êtes, pourquoi vous existez et ce que vous voulez accomplir." Auriez-vous d'autres pensées du même genre à me confier ?

Jacques prit quelques minutes de réflexion, puis s'adressa à Gilbert.

— Peut-être quelque chose de ce genre : « Inversez la proposition de valeur. »

— Que voulez-vous dire ?

— Eh bien, la plupart des dirigeants et des organisations prennent des décisions selon ce qu'elles leur rapporteront. Chez DLGL, nous avons compris qu'en privilégiant l'intérêt de nos gens puis ceux de nos clients, le tout enveloppé dans un modèle d'affaires ayant fait ses preuves, les profits suivent tout naturellement. C'est une conséquence de notre concentration sur la satisfaction de nos employés et de nos clients.

Gilbert prit de nouveau des notes.

— Selon cette perspective, je dirais donc aux dirigeants de traiter tout le monde avec respect. Vos clients, vos employés, à tous les niveaux, vos fournisseurs… Chacun d'eux est un être humain qui mérite d'être traité avec respect.

— C'est très bien, dit Gilbert. Avez-vous d'autres conseils clés ?

— Ne suivez pas la masse, à moins qu'elle se dirige déjà vers où vous souhaitez aller, dit Jacques. Et ça s'applique autant à la vie personnelle qu'aux affaires. Nous sommes rendus là où nous sommes parce que nous avons pensé et agi autrement. Non pour le plaisir d'être différents, mais parce que nous avons réalisé qu'en accomplissant les choses différemment, nous pouvions mieux les faire.

Gilbert se hâta de noter cette réflexion.

— En voici une autre, qui va de pair, possiblement, avec la précédente, continua Jacques. Si vous êtes prêt à mettre des efforts sur quelque chose, faites-le à fond. Que ce soit pour la configuration de la bâtisse, pour l'établissement des fonds de pension ou pour le choix des équipements dans le Vipnase, je n'ai jamais fait les choses à moitié simplement pour m'en débarrasser. Si vous devez faire quelque chose, faites-le bien.

Jacques marqua une pause, mais reprit aussitôt :

Chapitre 52

— La prochaine réflexion m'a toujours bien servi dans plusieurs situations difficiles. Si vous voulez que les choses se déroulent bien, faites en sorte que les intérêts des différents intervenants s'alignent sur une même vision. Lorsque vous savez précisément ce que vous voulez et que vous prenez le temps de connaître ce que les autres veulent, puis que vous alignez le tout sur un but précis, vous pouvez tout réussir. Mais, en l'absence de cet alignement des intérêts, chacun cherchera à satisfaire son propre intérêt.

Gilbert nota les paroles de Jacques.

— Très bien, Jacques. Une dernière ?

Jacques réfléchit un moment.

— Récemment, j'ai lu un article au sujet des primes offertes aux présidents de compagnie. La plupart des salaires et des bonis des présidents sont basés sur deux points : les revenus de la compagnie et les effectifs. Ils ne sont pas basés sur les profits ni sur les taux de rotation du personnel.

» La croyance est que si une entreprise connaît une croissance dans ses revenus principaux et dans ses effectifs, elle doit donc faire plus d'argent. C'est ridicule. Très souvent, ce n'est pas du tout le cas.

» Vous en arrivez donc à compter dans vos rangs des gens qui prennent des décisions dans l'intérêt supérieur de leur compte bancaire, non de l'entreprise.

Jacques sourit.

— Les gars, connaissez-vous l'histoire du serpent et du pêcheur dans sa barque ?

Gilbert et Joe lui firent signe que non, mais s'en amusaient déjà.

— Elle tombe à point dans notre discussion, dit Jacques. Il y avait donc ce gars qui pêchait dans sa barque. Soudain, il entend un coup frappé sur le côté de son embarcation. Il se penche et voit un serpent qui vient d'attraper une grenouille et qui s'apprête à la manger.

» Le pêcheur est pris de compassion pour la pauvre grenouille. Il étend le bras et arrache la grenouille de la bouche du serpent. La petite grenouille saute joyeusement au loin, mais laisse le serpent plutôt triste et déçu. Voyant cela, le pêcheur prend une bouteille d'un fin cognac qu'il a toujours avec lui. Il attrape le serpent et lui donne une gorgée de cognac. Il le rejette à l'eau et le laisse s'éloigner à son tour.

» Environ dix minutes plus tard, le pêcheur entend de nouveau un coup frappé sur son bateau. Il se penche et voit le même serpent avec une autre grenouille dans la gueule. Le serpent étire sa tête pour remettre la grenouille au pêcheur.

Gilbert et Joe éclatèrent de rire.

— Vous obtenez ce que vous méritez, toujours plus, conclut Jacques. Si vous récompensez les gens pour le fait d'avoir beaucoup d'employés, alors vous obtenez plus d'employés. Si vous les récompensez pour le fait d'avoir beaucoup de revenus principaux, alors vous obtenez plus de revenus principaux. Si vous n'obtenez pas ce que vous désirez, changez l'objet de vos récompenses.

Gilbert se hâta de tout noter. Puis, il regarda Jacques en souriant.

— Excellent, Jacques, excellent !

— La chasse est-elle suffisante pour aujourd'hui ? demanda Jacques, amusé.

— Amplement ! confirma Gilbert en balançant la tête en souriant.

Chapitre 53

Jacques reconduisit Gilbert jusqu'à la sortie tout en échangeant quelques mots. Lorsque Jacques retourna à son bureau, il y trouva Joe affairé à écrire vigoureusement sur le tableau blanc.

— L'entrevue a-t-elle fait jaillir une idée, Joe ?

Joe sourit tout en continuant à écrire.

— Vous avez fourni d'excellentes informations. J'ai aimé que vous me permettiez d'assister à la rencontre. Nous avions déjà parlé de certains aspects, mais c'était bien de les entendre une seconde fois. J'étais heureux que Gilbert pose des questions sur des points qui m'intéressaient et sur lesquels je voulais vous entendre.

Jacques observa ce que Joe écrivait.

— Qu'est-ce que c'est ? demanda Jacques.

Joe acheva ses écrits et se recula légèrement.

— Depuis quelques jours, je sens qu'un concept est en train d'émerger. Après notre discussion sur la façon dont vous gérez l'aspect de la recherche et développement, ce sentiment s'est renforcé. Il n'a pas cessé de grandir au fur et à mesure que vous répondiez aux questions du journaliste.

Jacques comprenait ce sentiment et le démontra à Joe, ce qui incita ce dernier à poursuivre sa réflexion.

— Je crois que j'ai saisi ce concept émergeant ou du moins en grande partie.

Joe se recula encore un peu et regarda l'ensemble de ce qu'il venait d'écrire.

— Je devrai faire quelques mathématiques autour de tout cela pour en démontrer la force, mais, pour l'instant, je vous l'explique sommairement.

Joe désigna la section au tableau appelée « DLGL ».

— Chez DLGL, vous avez une équipe remarquablement productive. Comme vous avez créé un environnement duquel les gens ne veulent pas partir, vous conservez ce qui vous permet de constamment vous améliorer dans vos activités.

» Globalement, vous avez créé une situation qui vous assure d'exceptionnelles compétences pour aller du point A au point B puis au point C, selon votre secteur d'activité. Ça n'aurait pas été possible dans un environnement où des gens démissionnent fréquemment et, de ce fait, n'atteignent jamais un tel niveau de compétence.

» À cela vous avez ajouté une incroyable méthode d'amélioration constante par la façon dont vous avez conçu la recherche et développement. Non seulement optimisez-vous la rapidité avec laquelle vous passez du point A au point B puis au point C, mais vous trouvez constamment des façons d'aller directement du point A au point C.

» Tout cela est rendu possible grâce à tous les aspects dont vous avez discuté jusqu'ici, incluant votre volonté de diriger les heures

Chapitre 53

libres des employés vers la recherche et développement. Les employés qui ne travaillent pas directement avec les clients à certaines périodes participent à l'amélioration de vos produits et méthodes.

» Chez Derale Enterprises, d'où je viens, les équipes sont également très productives. Notre taux de rotation du personnel est aussi très bas. Les gens restent longtemps avec nous de sorte que nos ressources intellectuelles sont maintenues, tout comme chez DLGL.

» Toutefois, notre façon d'inspirer les gens est différente. Pour nous, l'accent est mis sur la mission de vie. Nous nous assurons que la mission de vie d'un nouvel employé est alignée sur celle de l'entreprise. Nous nous assurons également qu'il y a un lien direct entre son travail de tous les jours et ses cinq grands rêves de vie.

» Parfois, c'est évident. Par exemple, l'un des grands rêves de vie d'un employé peut être de concevoir de nouvelles idées, et la conception de nouveau matériel pour randonneur fera partie de ses tâches. D'autres fois, le lien sera presque aussi direct, mais peut-être moins évident.

» Peut-être que l'un des cinq grands rêves d'un employé sera de faire une différence dans la vie des autres, et son rôle dans la compagnie l'amènera à donner un soutien téléphonique aux clients. Nous amenons alors l'employé à comprendre qu'il fait vraiment une différence dans la vie des gens en leur donnant un formidable soutien téléphonique qui les aidera concrètement.

» Et il arrive parfois que le seul lien en rapport avec les cinq grands rêves de vie d'un employé soit que les avantages offerts par Derale Enterprises lui permettent de faire, de voir ou de vivre l'un ou plusieurs de ses rêves lorsqu'il n'est pas au travail.

— Par exemple ? demanda Jacques.

— Peut-être que nos horaires flexibles permettent à une maman ou à un papa d'aller chercher son enfant chaque jour après l'école. Peut-être que notre politique de congé sabbatique permet à un employé de vivre chaque année un safari de quatre semaines dans la jungle. Peut-être que, tout simplement, son salaire lui permet de se payer des leçons de plongée sous-marine.

» L'essentiel est que notre grande productivité vient du fait de constamment effectuer des liens entre les cinq grands rêves de vie des employés et leur travail et de nous assurer qu'ils en sont conscients.

Joe pointa de nouveau « DLGL » sur le tableau.

— Vous êtes très efficace. Vous mettez l'accent sur la perspective d'un processus global, ce que nous ne faisons pas vraiment.

» Nous sommes, nous aussi, très efficaces. Nous mettons l'accent sur les cinq grands rêves de vie, ce que vous ne faites pas vraiment.

Joe fit une pause pour réfléchir, puis il reprit :

— Ce qui me fascine et me revient constamment…

— … c'est la force qu'auraient nos deux perspectives réunies, compléta Jacques.

— Exactement, confirma Joe en souriant.

Chapitre 54

Joe retourna à sa chambre d'hôtel. Assis à la table de travail, il repensait aux évènements des derniers jours. Il avait vécu de grands moments dignes d'une journée de musée. Il avait aussi connu des instants difficiles lorsque la noirceur et la dépression tentèrent de l'envahir.

Un souvenir de Thomas lui vint à l'esprit. Si un tel souvenir lui était venu au cours des sept derniers mois, Joe l'aurait repoussé. Par contre, il se rappela ce que Jacques lui avait dit, dans le garage, concernant le fait d'honorer Thomas en se souvenant de lui dans ses meilleurs moments.

Le souvenir particulier qui lui revint en cet instant précis était l'entrevue télévisée que Thomas avait accordée avant de mourir. À la fin de cette entrevue, Thomas avait montré deux diagrammes tout simples. Chacun présentait un axe X et un axe Y. Sur le premier diagramme, on retrouvait une ligne qui présentait des courbes vers le haut et vers le bas. Sur le second, on retrouvait le même genre de ligne, mais montante.

Joe prit le stylo près de lui et dessina le premier diagramme.

Les 5 Grands Rêves de Vie — *La suite*

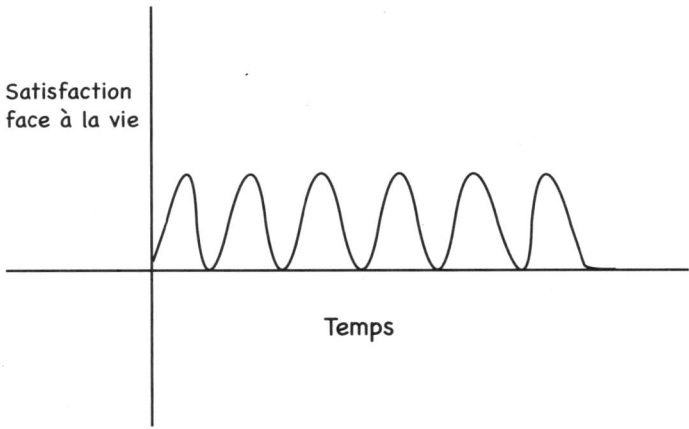

Il l'observa quelques instants, puis il traça le second diagramme.

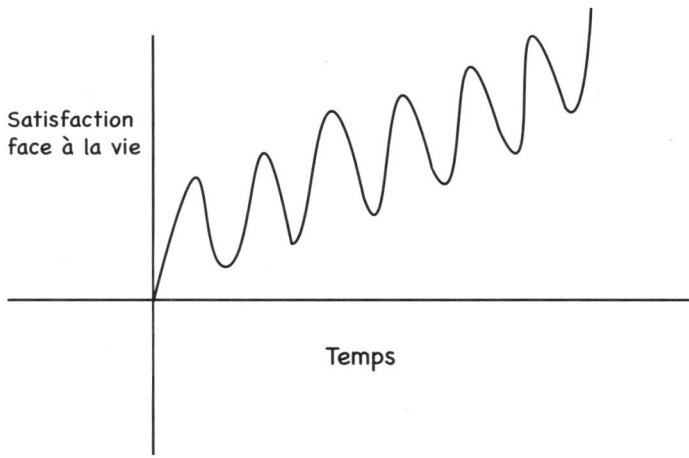

Il observa une fois de plus les deux diagrammes. Il pouvait entendre Thomas les expliquer :

Chapitre 54

« ... l'un des plus grands secrets de la vie, qui est aussi l'un des plus grands secrets du leadership...

» Voici comment la plupart des gens vivent leur vie. Sur l'axe X, il y a le temps, alors que l'axe Y correspond au degré de satisfaction dans la vie, et la ligne sinueuse – celle qui ressemble à des monts et à des vallées et qui est faite de hauts et de bas – représente leur vie. Au cours de leur vie, les gens vivent des moments forts et des moments creux. En général, les moments forts sont toujours de la même intensité, tout comme leurs moments creux. Les gens ne font qu'osciller entre les deux.

» Le secret de la vie est de créer une ligne de courbes qui ne suit pas seulement la ligne du temps, mais qui s'élèvera avec le temps. J'appelle ça "une ligne de vie ascendante".

» [...] Voyez-vous, cette personne, alors que le temps file, n'oscille pas seulement entre des hauts et des bas, mais elle atteint chaque fois des moments toujours plus forts. Tout le monde connaît des moments creux. C'est inévitable. Même si vous êtes sur la bonne voie, en direction de vos buts, vous connaîtrez des moments creux. Vous pouvez être en direction d'Hawaï pour les vacances de vos rêves. Cependant, même dans cette belle aventure, il peut y avoir des déceptions : l'avion peut être retardé ou vous avez déjà visionné le film présenté durant le voyage.

» Cela dit, lorsque vous êtes sur une ligne de vie ascendante, engagée dans votre montée, il vient un temps où vos moments creux sont plus importants que vos moments forts habituels.

» La façon de créer cette ligne de vie ascendante est plutôt simple. Plus vous passez de temps à accomplir ce qui nourrit votre raison d'exister et vos cinq grands rêves de vie, plus votre ligne de vie connaît une ascension.

» Être un grand *leader* est relativement simple. Vous n'avez qu'à connaître ce secret. Puis, vous devez le mettre en action dans votre vie. Vous attirez dans votre organisation des gens dont la RDE [raison d'être] est en lien avec celle de votre compagnie. Vous embauchez des gens pour des postes dans lesquels ils peuvent combler leurs cinq grands rêves de vie simplement en accomplissant des tâches nécessaires à la bonne marche des activités quotidiennes. Et vous leur enseignez à en faire autant pour les gens sous leur supervision.

» Lorsque vous y parvenez, vous permettez aux gens de se bâtir une ligne de vie ascendante. En retour, ces gens aident votre compagnie à se créer également une ligne de vie ascendante. Une organisation, tout comme une personne, a une ligne de vie. Selon moi, lorsque les lignes de vie de l'organisation et des gens qui y travaillent sont ascendantes, c'est le signe qu'il y a un grand *leader* derrière tout ça. »

Joe prit les diagrammes et les tint, un dans chaque main.

— Je suis désolé, Thomas, dit-il à voix basse en regardant le diagramme sur lequel la ligne de hauts et de bas n'était pas ascendante. C'est ce que je fais depuis ton décès. Il y a des hauts et des bas, mais je ne me suis pas permis de poursuivre mon ascension.

Joe se tut pendant un moment.

— Je suis simplement resté au neutre dans l'espoir de me réveiller un jour et de te retrouver comme si tu n'étais jamais parti. Nous pourrions rire ensemble, comme avant, développer de nouvelles idées pour Derale Enterprises, partir avec Maggie vers des aventures un peu folles dans des endroits que je voudrais vous faire découvrir…

Chapitre 54

Joe déposa le premier diagramme. Il regarda le second qu'il tenait dans l'autre main.

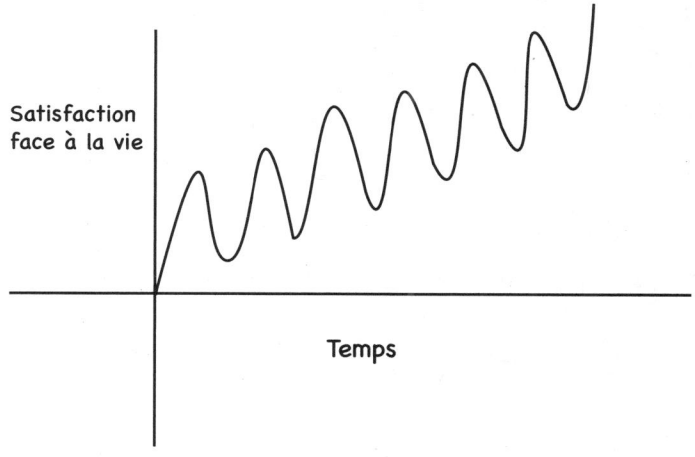

— Si je ne t'avais pas rencontré, je n'aurais pas connu un cheminement ascendant dans ma vie. Je te dois tellement, Thomas. Je suis désolé d'avoir oublié tout ce que tu m'as enseigné.

Joe balança légèrement la tête.

— Je suis prêt à reprendre mon ascension, mon ami.

Chapitre 55

Joe écrivit pendant plus d'une heure. C'était la première fois depuis longtemps qu'il se sentait l'esprit en paix. Ses pensées coulaient facilement. Une fois qu'il eut terminé, il relut son texte.

Chère Maggie,

Je suis désolé. Désolé de ne pas avoir été l'ami que j'aurais dû être au cours des derniers mois. Désolé de ne pas avoir été là pour toi alors que ta perte était tellement plus grande que la mienne. Nous nous connaissons depuis longtemps. Ton amitié représente beaucoup pour moi.

Depuis la mort de Thomas, j'ai eu beaucoup de difficulté à accepter son départ, à y trouver un sens. Je sais que tu le comprends et je sais que c'est la raison pour laquelle tu m'as amené à passer du temps avec Jacques.

Tu étais toujours là pour moi, alors que moi, en tant qu'ami, je n'étais pas disponible pour toi. Pour le reste de ma vie, je t'en serai reconnaissant.

Je ne peux pas dire avec certitude que je comprendrai un jour pourquoi le cheminement de Thomas l'a amené à partir, mais, en ce moment même, je commence à trouver une paix que je ne pensais pas possible au cours des sept derniers mois.

Chapitre 55

Ce soir, je me suis souvenu de la dernière entrevue accordée par Thomas. J'ai songé à sa façon d'enseigner, d'inspirer les autres.

Je me suis aussi souvenu de tout ce qu'il m'a enseigné.

Le texte qui suit est pour toi, Maggie. Je souhaite qu'il puisse t'aider, ne serait-ce qu'un peu, à trouver la paix en ton cœur.

Affections,

Ton ami reconnaissant, Joe

Pourquoi ?

Pourquoi sont-ils partis ?

Pour qui cette lumière éclatante s'est-elle éteinte ?

Tant de lumières continuent à vivre.

Des lumières qui ne brillent jamais avec éclat.

Pourquoi celle-là s'est-elle éteinte ?

Parce que lorsque les lumières éclatantes s'éteignent, on le remarque.

On remarque toute la lumière qu'elles diffusaient dans le monde, la façon dont nous-mêmes, nous brillions en leur présence, et la façon dont elles mettaient les autres en lumière.

Nous voyons la différence qu'elles faisaient dans la vie parce qu'elles avaient choisi de briller si intensément.

Et ça nous rappelle à quel point nous pouvons, nous aussi, faire une différence si nous permettons à notre propre lumière de briller.

Lorsqu'elles s'éteignent, ces lumières nous rappellent que nous non plus, nous ne brillerons pas éternellement. Elles nous rappellent de faire ce qui nous permet de nous sentir vivants, de faire briller de plus en plus intensément notre lumière. De le faire maintenant. De ne pas attendre.

Elles nous rappellent que lorsque nous brillons avec éclat, nous inspirons les autres à en faire autant, tout comme nous étions inspirés par leur rayonnement.

En permettant que leur temps se termine et que leur lumière s'éteigne, elles ont fait l'ultime sacrifice. Elles l'ont fait pour tous ceux qui les connaissaient, car lorsqu'elles se sont éteintes, nous nous sommes rappelé tout cela.

Alors, laissons notre propre lumière briller intensément. Faisons honneur à tout ce que nous a légué cette brillante lumière.

Aimons de façon à illuminer la vie des autres. Éclairons celui qui a besoin d'espoir. Disons aux autres lumières dans notre vie tout ce qu'elles signifient pour nous. Utilisons nos talents de façon à faire briller encore plus notre propre lumière.

Cette brillante lumière s'est éteinte… pour nous rappeler que nous sommes, nous aussi, de brillantes lumières.

Cette brillante lumière s'est éteinte… pour nous rappeler de vivre.

Chapitre 56

Le lendemain, Joe retourna chez DLGL. Son comportement et même son maintien étaient empreints d'une légèreté qu'on ne lui avait pas reconnue depuis fort longtemps.

— Bonjour, Louise, dit-il en saluant l'adjointe de Jacques.

— Bonjour, Joe. Comment allez-vous ce matin ?

— Mieux que les mois précédents, répondit Joe en souriant.

Louise lui sourit en retour.

— Fantastique !

Elle jeta un regard vers le bureau de Jacques.

— Je suis désolée, Jacques sera ici plus tard dans la journée. Deviez-vous le voir pour quelque chose en particulier ?

Joe lui fit signe que non.

— Non, ça va. J'avais quelques bonnes nouvelles à partager avec lui.

— L'accompagnez-vous à l'évènement de ce soir ?

Joe parut surpris.

— Je ne sais pas… De quel évènement s'agit-il ?

— Il est l'un des invités de la conférence au sujet du recrutement des meilleurs talents. Ça débute à dix-huit heures.

Joe s'en souvint soudainement.

— Oui, vous avez raison. J'avais oublié cela. Il m'en avait parlé la semaine dernière. Le temps a passé si vite dernièrement… Je n'ai pas réalisé que c'était ce soir, déjà. J'ai l'intention de l'accompagner, en effet.

— Bien ! Si vous avez besoin de lui parler d'ici là, faites-le-moi savoir. Sinon, je sais qu'il envisage d'être ici vers quinze heures trente et de se rendre directement à la conférence par la suite.

— D'accord ! Je vais commencer à bâtir l'article pour lequel j'ai rencontré Jacques. Y a-t-il un endroit où je peux m'installer pour travailler sans nuire à personne ?

— Là où ça vous conviendra ! répondit Louise. Je peux aussi vous suggérer la salle de conférence attenante au bureau de Jacques.

— Ça me semble parfait, confirma Joe.

— Je vais vous y conduire, dit Louise en se levant.

En entrant dans la salle de conférence, Joe se sentit à l'aise dans cette pièce baignée de lumière naturelle, comme toutes les autres pièces de la bâtisse. Un coup d'œil à sa droite lui révéla un immense tableau blanc qui couvrait le mur entier.

— Parfait pour développer mes idées, pensa-t-il.

Chapitre 56

Il allait se détourner du tableau lorsque quelque chose attira son attention. Sur une section du tableau, la lettre A, grande et écrite en bleu, trônait. Une pièce de plastique clair vissée dans le tableau recouvrait entièrement le A, de sorte qu'il était impossible de l'effacer.

Louise remarqua l'étonnement de Joe.

— Jacques ne vous a pas raconté cette histoire ? demanda-t-elle.

Joe fit signe que non. Il se souvenait vaguement d'avoir lu quelque chose à ce sujet dans le *Grand petit livre des courriels*, mais c'était flou. Il allait demander à Louise de lui expliquer la présence de ce A lorsque quelqu'un frappa sur le cadre de porte de la salle de conférence.

Luc Bellefeuille, l'un des directeurs, chez DLGL, avec qui Joe avait discuté quelques fois depuis son arrivée, se tenait derrière eux.

Luc sourit à Joe et à Louise qui s'étaient retournés.

— Bonjour, Louise. Bonjour, Joe. Je suis désolé de vous interrompre, je cherche une pièce pour tenir une brève réunion dans quelques instants.

— J'allais me servir de celle-ci pour travailler, mais je peux trouver un autre endroit, dit Joe, conciliant.

— Non, ça va. Aucun problème. Je vais utiliser une autre pièce, répondit Luc.

— Luc, as-tu quelques minutes avant ta réunion ? intervint Louise. Je m'apprêtais à expliquer à Joe la signification du A sur le tableau. Pour être honnête, tu serais la personne parfaite pour raconter cette histoire, puisque tu étais au cœur de l'action le jour qui est à l'origine de la présence de cette lettre.

Luc dodelina de la tête en entrant dans la salle.

— Bien sûr, avec plaisir. Toutefois, je crois que Joe aura une perspective plus complète si nous racontons tous les deux l'histoire. Vu la fin, tu as ta propre vision.

— D'accord, dit Louise en souriant. Commence et j'interviendrai au besoin.

— Cette histoire aurait une plus grande signification si vous étiez avec nous depuis plus longtemps et si vous étiez immergé dans notre culture d'entreprise, débuta Luc. Elle en dit tellement long sur ce qui se passe entre nos murs, et surtout sur la façon dont ça se passe. Mais, nous lui rendrons suffisamment justice pour que vous puissiez apprécier la puissance de ce moment.

» Vous l'avez sans doute remarqué, DLGL est un endroit particulier, rempli de gens talentueux qui font opérer leur magie quotidiennement pour servir les clients.

» Ce n'est pas passé inaperçu dans l'industrie et le monde du travail. Jacques a remporté plusieurs honneurs individuels alors que DLGL s'est vu attribuer plusieurs prix à titre d'organisation. Jacques a accordé de nombreuses entrevues, DLGL a "récupéré" plusieurs clients importants des compétiteurs et la compagnie a connu beaucoup de succès sur le plan financier.

» Considérant tout cela, il arrive un moment où quelqu'un de l'extérieur décide de tenter de s'approprier une partie de ce que vous êtes ou même tout ce que vous êtes! C'est là que le A sur le tableau intervient.

» Il y a quelques années, l'une des grosses compagnies de notre secteur d'activité a déposé une offre pour acheter DLGL. Il y avait beaucoup d'argent sur la table. L'offre était importante. Et Jacques

Chapitre 56

et Claude avaient constitué la compagnie pour qu'en cas de vente de l'entreprise, 15 % du montant soit distribué aux employés.

» Après avoir reçu l'offre, Jacques en informa chacun des employés. Puis, il réunit ses quatre directeurs, dont moi, pour en parler. Il nous dit alors que, selon lui, trois options s'offraient chez DLGL :

> A. Ne rien changer à la situation actuelle.
>
> B. Entrer en Bourse.
>
> C. Accepter l'offre et vendre.

» Nous en avons discuté pendant plus de six heures. Nous avons analysé chaque option. Puis, Jacques nous a dit qu'il nous laissait la décision finale. Nous l'avions aidé à bâtir la compagnie, nous devions donc, selon lui, décider de son sort.

» Il nous suggéra de prendre la nuit pour y penser et de lui faire part de notre décision le lendemain matin. Il ne nous fallut pas autant de temps. Nous savions ce que nous voulions. Et ce que les autres employés voulaient aussi. Alors, nous l'avons sur-le-champ informé que nous choisissions l'option A.

Louise intervint et regarda Joe.

— Jacques m'a parlé du concept des jours de musée dont vous avez discuté ensemble.

Elle regarda le A sur le tableau.

— Cette journée en fut une de musée pour DLGL, et plus spécialement pour Jacques. Je me souviens de lui avoir parlé après que Luc et les trois autres directeurs eurent opté pour le A...

— Qu'est-il arrivé ? demanda Joe.

— Il avait les yeux dans l'eau, dit-elle en souriant tendrement. Ce n'est pas ce à quoi on s'attend d'une personne comme Jacques qui, lorsque nécessaire, peut s'avérer plutôt rude. Il m'a confié à quel point c'était une journée exceptionnelle. Il avait bâti quelque chose et l'avait fait grandir. Ses efforts furent reconnus, comme au cours de cette journée, et ça représentait beaucoup pour lui.

Elle fit une pause tout en conservant son sourire.

— Jacques et son équipe de directeurs annoncèrent au reste des employés qu'ils avaient décidé de ne rien changer et qu'ils avaient choisi de refuser l'offre d'achat. Ce soir-là, alors que Jacques allait quitter son bureau…

Joe observa Louise. Il devinait que la suite de l'histoire était émouvante. Même après sept ans, le souvenir de l'histoire la remuait encore.

— … Ce soir-là, on frappa à son bureau, poursuivit Louise. D'un léger mouvement de la tête, elle indiqua un petit seau en métal déposé au milieu de la table de conférence. Une petite étiquette l'identifiait : "Seau pour les gouttes à recueillir".

» C'est bien Jacques, dit Louise. Il en avait eu l'idée après avoir lu un petit livre, *Votre seau est-il rempli ?*. Dans cet ouvrage, on vous recommande de remplir votre seau avec ce qui compte vraiment dans la vie, goutte par goutte.

» Donc, la première personne qui frappa à la porte de son bureau lui apporta ce seau qui traînait ici, dans cette salle. Elle le déposa sur le bureau de Jacques. Puis, un à un, les gens de DLGL sont venus y déposer des petits billets. Ils faisaient la ligne jusqu'au hall d'entrée pour avoir la chance de déposer leur billet dans le seau.

Louise se tut un instant. Des larmes embuaient ses yeux.

Chapitre 56

— C'étaient des mots de gratitude, des souvenirs, des messages expliquant tout ce que DLGL signifiait pour eux…

De nouveau, elle fit une pause.

— Plus tard, j'ai vu Jacques lire les billets un à un. J'ai observé ses réactions et ce que ces billets voulaient dire pour lui. C'était une soirée unique, l'une de celles que Jacques n'oubliera jamais.

Luc regarda vers le tableau.

— Le lendemain, Jacques fit recouvrir le A sur le tableau d'un morceau de Plexiglas. Ainsi, nous n'oublierons plus jamais ce qu'il signifie.

Chapitre 57

Louise et Luc laissèrent Joe seul dans la salle de conférence. Il jeta un coup d'œil au A.

« Quelle histoire inspirante ! » pensa-t-il.

Il avait apporté le *Grand petit livre de courriels* pour y puiser quelques idées qui lui serviraient lors de la rédaction de son article.

Il l'ouvrit et recherche le courriel qui concernait le fameux A. Rapidement, il le trouva et le lut. À la fin, Luc y avait écrit une réflexion.

Dire oui à cette offre aurait signifié la disparition de DLGL. Chacun de nous serait devenu un employé anonyme dans une organisation quelconque. Ça, je ne pouvais pas l'envisager. Notre culture d'entreprise et notre qualité de vie se seraient envolées. Les acquéreurs ne se seraient pas adaptés à nous ; nous aurions dû descendre à leurs standards, à eux.

Préserver notre culture unique et avoir la chance d'y vivre chaque jour avaient une trop grande valeur. Nous rendre au travail chaque jour le cœur léger et heureux est plus précieux que l'argent. C'est réellement ce qui a guidé mon choix.

Chapitre 57

Joe admirait le sens de l'interconnexion qui régnait à l'intérieur de DLGL. C'est un aspect qu'il a toujours remarqué dans les excellentes compagnies qu'il a visitées.

Un aspect du courriel intriguait Joe. Il se demanda si Louise pouvait lui expliquer ce qu'il ne saisissait pas. Au même moment, Louise entra dans la salle de conférence.

— Joe, je dois partir dans une quinzaine de minutes pour m'occuper de quelque chose à l'extérieur. Avez-vous besoin de moi avant que je parte ?

Joe lui sourit.

— Vous tombez à point, Louise, dit-il en reprenant le courriel qu'il venait de lire.

— Je revoyais l'histoire du A dans le *Grand petit livre de courriels*. À un endroit, on parle d'un plan mis en place dans l'éventualité que Jacques décède. Je ne comprends pas très bien de quoi il s'agit. Connaissez-vous ce plan ?

— Oui, comme chaque personne chez DLGL. L'information circule librement, ici. Jacques se fait un devoir d'actualiser régulièrement les informations concernant DLGL.

Louise désigna le livre.

— Le plan auquel fait référence le courriel en question démontre bien ce que Jacques ressent envers cette compagnie, envers nous tous. Voyez-vous, ici, au Canada, lorsqu'un propriétaire d'entreprise meurt, le gouvernement exige que ses héritiers paient des impôts sur ce décès, selon la valeur de l'entreprise.

» Dans le cas de DLGL, plus la compagnie connaîtra du succès, plus le défi sera imposant pour les héritiers de Jacques en ce qui concerne la poursuite des activités de l'entreprise après son départ, car ils seront obligés de payer des impôts considérables.

» Dans la plupart des cas, la seule façon, pour les héritiers, de payer ces impôts sera de vendre la compagnie. Par contre, cela va à l'encontre du rêve de Jacques de voir la compagnie et sa culture lui survivre. Il a donc dû se résigner à s'occuper de ce fardeau financier afin de s'assurer que tout le monde conserve son emploi chez DLGL après son décès.

Louise réfléchit un moment, puis reprit :

— Je ne crois pas qu'il existe un courriel exclusivement au sujet du plan, mais je sais que l'information se trouve dans plusieurs courriels. Vous permettez ? demanda-t-elle en désignant le livre.

Joe le lui tendit et elle tourna les pages rapidement.

— Voilà, finit-elle par annoncer. Elle remit le livre à Joe et lui pointa un passage spécifique dans un courriel.

Joe parcourut rapidement le texte. Vers la fin, il trouva ce qu'il cherchait. Jacques y expliquait pourquoi les gens vendent leur compagnie.

[...]

d) Les héritiers ne peuvent payer les impôts sur le décès s'ils ne vendent pas leurs actifs avant de mourir.

Cet aspect n'est pas toujours bien compris. Laissez-moi vous donner un exemple. Vous achetez une maison de cent mille dollars. Vingt ans plus tard, elle en vaut le double. Comme vous avez

Chapitre 57

55 ans, évaluez qu'à votre décès, probablement vers 79 ans, elle vaudra 400 000 $. Aucun problème, car il n'y a pas d'impôts à payer sur une résidence principale lors du décès.

Si, par contre, il s'agit d'une résidence secondaire et que vous en retirez un revenu de location, vous serez imposé sur un gain en capital de trois cent mille dollars, ce qui correspondra à des impôts dus d'environ cent mille dollars. Où vos héritiers trouveront-ils l'argent pour payer ces impôts ? Comme c'est une maison, ils pourront contracter un prêt hypothécaire et s'en servir pour payer les impôts dus. Sinon, ils devront probablement vendre la maison pour les payer.

Mais, lorsque vos avoirs sont des actifs dans une compagnie, vous ne pouvez pas obtenir un prêt hypothécaire. Vous pouvez vendre les actions, mais ce sera possiblement à la hâte, donc en deçà de leur valeur réelle.

C'est ainsi que les gens décident de vendre leur compagnie avant qu'il soit trop tard pour des raisons de liquidités lors de leur décès. Sinon, ils font entrer leur compagnie en Bourse, ce qui, essentiellement, correspond à vendre la compagnie au public.

Chez DLGL, nous avons décidé de ne pas entrer en Bourse lorsque nous avons eu l'offre d'achat plusieurs années auparavant. Nous avons donc dû trouver une autre façon de résoudre le problème des liquidités qui surviendra à mon décès.

Nous avons mis au point deux méthodes que nous utilisons déjà :

1. *Une assurance contractée il y a plusieurs années ayant débuté par un coût non déductible des impôts de trente-cinq mille dollars par mois. Ça vous donne une idée de l'ampleur de l'effort requis.*

2. *Les profits de DLGL sont transférés à notre compagnie de gestion et investis dans des avoirs liquides, comme des actions de sociétés publiques. Ces liquidités nous assureront d'avoir les fonds requis le moment venu. Je gère ces avoirs. Ça me prend beaucoup de temps, autant et sinon plus que le temps qu'exige mon travail chez DLGL.*

Comme vous pouvez le constater, la décision de ne pas vendre et de ne pas entrer en Bourse a eu des conséquences. Si nous avions retenu l'une de ces deux options, j'aurais récolté mon argent, et les questions financières n'auraient plus été un problème. Comme je n'aurais plus eu à travailler chez DLGL ni à gérer des avoirs pour plus tard, j'aurais également pu profiter de tout mon temps.

Cela dit, ce n'était pas ce qui me convenait le mieux. Je suis heureux que nous ayons collectivement décidé de payer le prix pour conserver DLGL comme elle est en ce moment : un endroit agréable où travailler et même un havre lors des moments personnels plus difficiles, comme certains d'entre nous en ont traversé.

Ce que nous sommes et accomplissons est sans comparaison. J'adore cela, j'aime vraiment travailler avec des gens qui connaissent cette entreprise de long en large, parfaitement, jusque dans ses incroyables détails.

Cela dit, nous sommes engagés dans un processus d'expérimentation de la continuité de la gestion de DLGL afin qu'elle ne dépende pas d'une seule personne, quelle qu'elle soit, moi inclus. Et jusqu'ici, ça fonctionne.

Ainsi, le plan est que je ne sois plus indispensable à la destinée de DLGL, tant financièrement lors de mon décès que sur le plan de la gestion lorsque mon cerveau faiblira.

Chapitre 57

D'ici là, toutefois, je vais demeurer un membre actif des OPSCOM ; d'une part parce que ces rencontres font partie de mes moments favoris de la semaine et d'autre part parce que je crois que je peux encore y apporter quelque chose. Et je continuerai aussi de m'impliquer dans tous les secteurs où la compagnie semblera en avoir besoin.

Vendredi soir, nous célébrerons ce qui rend tout cela possible : la stabilité, la continuité, la loyauté, l'expérience et la compétence.

Bonne célébration à tous.

Jacques (Jag) Guénette
DLGL

— Wow, fit Joe après avoir terminé la lecture du message. C'est une bonne démonstration de l'engagement qui règne ici.

Louise approuva.

— Jacques adore cet endroit et tous les gens qui y travaillent, dit-elle en souriant, parfois tellement qu'il doit diminuer son ardeur.

— Un exemple ?

— Avez-vous lu le message qu'il a fait circuler la dernière fois que nous avons reçu le prix du "Meilleur employeur au Canada"?

Joe fit signe que non.

— Vous l'avez peut-être remarqué… L'une des choses qui caractérisent Jacques est l'intéressante composition de sa personnalité. Il démontre un amour pour cette compagnie et les gens qui y œuvrent combiné avec un désir de perfection à travers son approche qui consiste à choisir parmi nos propres imperfections. Pour couronner le tout, il tient à dire ce qu'il pense.

Louise ne put s'empêcher de rire.

— Laissez-moi trouver le message dont je vous parle…

Il lui fallut quelques instants pour le retrouver dans le *Grand petit livre des courriels*.

— Le voici.

Chapitre 58

Joe prit le livre et lut le message.

>**De :** *«Jacques Guénette» <j@dlgl.com>*
>**À :** *«DLGL» <DLGL@dlgl.com>*
>**Objet :** *Meilleur employeur au Canada*
>
>*Je termine à peine le rapport Watson Wyatt, celui-là même pour lequel nous avons obtenu 2,99/5 au sujet du « feedback[3] du patron ». Le rapport explique en détail ce que nous devrions faire pour améliorer la situation, par exemple engager de meilleurs dirigeants, ce qui est essentiel pour toute entreprise qui désire croître.*
>
>*Je pense donc que nous devons aller de l'avant selon vos souhaits et la recommandation de ces consultants.*
>
>*La semaine prochaine, nous désignerons pour chacun de vous quelque chose de nouveau : un patron. À partir de maintenant, vous interagirez avec le reste de l'organisation par l'entremise de ce patron après, bien sûr, l'autorisation en bonne et due forme de ce même patron.*

---

3. Retour d'information.

Ce dernier vous évaluera tous les trimestres, et cette évaluation remplacera le PEC comme base pour statuer sur les augmentations de salaire et les bonis.

Vaut mieux pour vous être poli, car ce patron sera la seule personne qui vous évaluera à partir de maintenant.

Nous sommes une entreprise de taille modeste, ce qui signifie que plusieurs d'entre vous ne seront jamais les patrons de personne. Donc, votre opinion, concernant la performance de vos collègues, n'est plus requise.

Toute demande pour changer de patron devra d'abord parvenir à votre patron, évidemment. Pas de détour, s'il vous plaît.

Nous nous attendons à ce que ce changement « du PEC au patron » crée un taux de rotation du personnel plus normal, car le patron est la raison la plus fréquente expliquant le départ d'un employé.

Nous nous situerons possiblement autour de 15 à 17 % de rotation. Nous devrons donc engager de 18 à 24 % plus de gens. Cela compensera les 12 % inutiles qui se joindront à nous sans rien connaître de nous et de nos produits et les 15 % qui seront totalement inefficaces parce qu'ils passeront leur temps à former de nouveaux employés.

Cela exigera la création d'un département de l'embauche avec un gros budget de 25 % de l'espace disponible.

Bien sûr, ces dépenses additionnelles excéderont nos profits. Nous devrons donc couper certains des avantages que nous avons en ce moment. Par exemple, les bonis et les fonds de pension seront coupés en premier puisqu'ils sont directement liés à la rentabilité. Le « club social » qui organise nos activités hors du bureau devra être exclusivement assumé par les employés. Le programme des frais dentaires sera revu en profondeur pour en diminuer les coûts.

Chapitre 58

Puis, qui sommes-nous, au fond, pour nous payer des fêtes de Noël, alors que nos clients ne peuvent pas s'en offrir ? Ce sera une bonne campagne de marketing de souffrir autant qu'eux...

Pour récupérer des revenus, nous devrons louer l'étage où se trouve le Vipnase. Quant au quart de l'espace supplémentaire requis, nous l'aménagerons dans le garage. Adieu aux stationnements intérieurs et aux appareils de lavage et de séchage dont nous nous servions pour les équipements de hockey...

Bien sûr, j'ironise ! Cependant, je suis tout de même en colère par rapport à ce sujet (au cas où certains ne l'auraient pas encore compris).

NOUS SOMMES UNE ORGANISATION FONDÉE SUR L'AUTODISCIPLINE. SI VOUS AVEZ ABSOLUMENT BESOIN D'UN PATRON POUR VOUS DIRE CE QUE VOUS SAVEZ DÉJÀ À PROPOS DE VOUS-MÊME OU POUR VOUS DIRE QUOI FAIRE, VOUS N'ÊTES PAS AU BON ENDROIT, DU MOINS PAS TANT QUE JE SERAI LÀ.

J'AI EXPLIQUÉ À UN GRAND NOMBRE DE CONSULTANTS EN RESSOURCES HUMAINES COMMENT FONCTIONNAIT NOTRE PROCESSUS D'ÉVALUATION. À L'UNANIMITÉ, ILS ONT TOUS DIT QUE C'ÉTAIT UNE EXCELLENTE MÉTHODE.

J'AI AUSSI EXPLIQUÉ CE PROCESSUS AUX GENS DE WATSON WYATT ET JE LEUR AI DEMANDÉ DE MODIFIER LEURS QUESTIONS, CAR, COMME ELLES SONT FORMULÉES, ELLES NE PEUVENT PAS S'APPLIQUER À NOUS. LEURS QUESTIONS SE BASENT SUR UNE HIÉRARCHIE. NOUS SOMMES UNE MATRICE.

ILS ONT COMPRIS, MAIS ILS NE PEUVENT PAS MODIFIER LES QUESTIONS QUI SONT LES MÊMES À TRAVERS LE MONDE POUR LES SONDAGES DE WATSON WYATT. ILS ONT DIT QUE NOUS DEVIONS NOUS SERVIR DE NOTRE TÊTE EN RÉPONDANT À CES QUESTIONS.

DONC, LORSQU'UNE QUESTION VOUS DEMANDE À QUELLE FRÉQUENCE VOUS RECEVEZ UN RETOUR D'INFORMATION DE VOTRE PATRON, MAIS QUE VOUS N'AVEZ PAS DE PATRON, VOTRE RÉPONSE, PEU IMPORTE LAQUELLE, SERA MAUVAISE. DANS UN TEL CAS, POURQUOI ALORS CHOISISSEZ-VOUS UNE RÉPONSE QUI NOUS DONNE MAUVAISE FIGURE ?

Ces questions et notre incapacité à les appliquer à notre réalité amènent des consultants à conclure que nous ne sommes pas très bons en gestion, que nous n'avons pas de talentueux gestionnaires. C'est de la foutaise !. Avoir la bonne personne à la bonne place est notre point fort.

Sinon, comment pourrions-nous obtenir des résultats aussi incroyables dans tous les domaines, peu importe l'angle sous lequel ils sont évalués !

C'est injuste pour chacun de nous.

Nous avons encore gagné avec un fantastique 4,6 de moyenne sur 5.

Félicitations !

Jacques (Jag) Guénette

En terminant la lecture du courriel, Joe ne put s'empêcher de rire.

— Je sais, dit Louise. Lorsqu'on le connaît, qu'on sait tout ce qu'il fait pour les gens ici et à quel point il prend soin de tout le monde, c'est amusant.

— Et je présume que ce courriel a réglé le problème des réponses concernant la relation employé-patron pour les questionnaires suivants, dit Joe.

Chapitre 58

Louise rit à son tour.

— Oui. Je crois que nous avons eu un meilleur résultat par rapport à cet aspect cette année alors que nous avons encore gagné. C'est tout à fait Jacques. Intense, inspiré, passionné. En même temps, il est curieux, réfléchi, aidant et terriblement protecteur de ses gens.

— Sans oublier, en plus de tout cela, qu'il a un bon sens de l'humour, ajouta Joe. Je l'avais déjà remarqué ; mais c'est très évident dans ce courriel.

Louise approuva.

— C'est vrai.

— À travers toutes les entrevues que j'ai réalisées auprès de grands *leaders* de différents domaines, enchaîna Joe, j'ai découvert qu'ils avaient tous un style propre. Les traits de caractère que vous avez mentionnés se retrouvent presque tous chez chacun d'eux, mais la façon dont ils s'en servent leur est unique et personnelle.

Il se tut un moment avant de reprendre :

— Ça m'a toujours inspiré, car ça m'a permis de réaliser que le *leadership* peut avoir tellement de visages différents. Ce n'est pas un « club sélect » et fermé. Chacun a le potentiel d'être un grand *leader* s'il le veut. La formule à suivre est disponible pour chacun de nous. Tellement de gens ont démontré, et continuent de le faire, que l'important est de suivre la formule dans la voie et le style qui leur sont propres.

En prononçant ces mots, un frisson parcourut les bras de Joe. Ce frisson était pour lui l'indication qu'il venait de découvrir quelque chose de très important sur sa propre vie. Il secoua les bras légèrement.

— Ça va ? demanda Louise.

Joe la regarda.

— Oui. Je crois que je viens tout juste de me rappeler quelque chose d'important. C'est tout.

Louise jeta un coup d'œil à l'horloge.

— Je dois partir, maintenant. Vous joignez-vous à Jacques pour la réunion OPSCOM de cet après-midi ? Elle débute à quinze heures trente. Je crois que Jacques se rendra directement à l'évènement de ce soir après la réunion.

Joe fit signe que oui, encore absorbé par son commentaire sur le *leadership* et par ce que ça signifiait dans sa propre situation.

— J'y serai, dit-il au bout d'un moment, j'y serai.

Chapitre 59

Jacques revint au bureau peu après quinze heures.

— Avez-vous tout ce dont vous avez besoin pour votre article ? demanda-t-il à Joe dans l'embrasure de la salle de conférence.

Joe leva les yeux et sourit.

— Hé ! Jacques ! Comment s'est déroulée votre matinée ?

Jacques entra et s'assit sur l'une des chaises.

— Productive ! Je devais m'occuper de quelques affaires personnelles. Tout est fait. Je peux maintenant me concentrer sur la réunion OPSCOM et l'évènement de ce soir. On m'a dit que vous vous joindrez à moi dans les deux cas ?

— Si ça vous convient, insista Joe.

— C'est parfait. La réunion débutera dans une vingtaine de minutes, ici même.

Joe regarda le tableau blanc.

— Louise et Luc ont eu la gentillesse de me raconter l'histoire de ce A sur le tableau. Et j'ai lu un courriel à ce sujet dans le *Grand petit livre de courriels*.

— Lequel ? demanda Jacques.

Joe amorça la lecture du courriel.

De : *« Luc Bellefeuille » <luc.bellefeuille@dlgl.com>*
À : *« DLGL » <DLGL @dlgl.com>*
Objet : *Il y a exactement quatre ans*

Il y a exactement quatre ans, nous tenions une longue réunion très émotive...

Jacques nous annonçait qu'il avait reçu une offre très substantielle pour vendre DLGL. Le genre d'offre qui n'arrive que très rarement.

Elle aurait rapporté à Jacques des millions de dollars, et des sommes importantes à plusieurs d'entre nous.

Elle aurait également été la fin de DLGL comme nous la connaissons. La compagnie aurait été dissoute dans la gigantesque organisation de l'acheteur.

Jacques nous a laissé la décision finale, soit celle d'accepter ou de refuser...

Une réunion extrêmement intense se tint. Nous avons analysé la situation sous tous les angles possibles, observé tous les scénarios en essayant de prendre la meilleure décision pour tous les membres de DLGL et leur famille. Notre analyse incluait, bien sûr, les aspects financiers.

Chapitre 59

En silence, et chacun pour nous, nous avons aussi revu d'autres éléments... Toute la vision de Jacques et de Claude lorsqu'ils ont fondé DLGL, tout ce que nous avions traversé en tant que groupe, notre histoire, notre culture d'entreprise, tout ce que nous avions bâti et tout ce que nous chérissions. Et, tout aussi important, ce que serait notre avenir si nous vendions la compagnie. Étions-nous certains d'être capables de préserver tout ce qui était déjà en place et de voir DLGL poursuivre son évolution comme elle le fait depuis toujours ?

Au moment du vote, l'option A fut choisie à l'unanimité. Nous souhaitions tous poursuivre l'aventure de DLGL comme nous voulions qu'elle soit.

Quatre ans plus tard, nous ressentons encore l'amour, la paix et le plaisir de rentrer au travail chaque jour. Nous jouissons d'une qualité de vie incomparable, du privilège de travailler pour le meilleur employeur et tout ça dans un environnement exceptionnel.

Au cours de ces années, nous avons tous reçu plusieurs bonis. Ces bonis ont largement remplacé les sommes que nous aurions reçues lors de la vente de la compagnie. Sur le plan des affaires, nous avons su trouver la voie vers le succès malgré les tempêtes qui ont secoué l'économie et le marché en général.

Et avec la parution prochaine de la version 8G de notre logiciel, notre avenir est très prometteur et passionnant pour des années encore. De merveilleux moments nous attendent.

Avec le recul, le A me semble toujours la meilleure option.

Merci, Jacques, de nous avoir donné la chance de choisir, ce jour-là.

Luc Bellefeuille

— C'est un joli courriel, non ? dit Jacques après que Joe en eut complété la lecture.

— On y décèle la tradition qui occupe une grande place chez DLGL, répondit Joe. Vous célébrez vos succès non seulement lorsqu'ils surviennent, mais tout au long du processus.

Jacques approuva.

— Ce n'est possible que si vous avez des anciens dans votre tribu, des gens qui sont présents depuis longtemps. Dans une entreprise où les gens vont et viennent aux deux ans, la tradition ne veut rien dire.

— C'est très impressionnant, constata Joe tout en pointant du doigt un passage du courriel de Luc.

> *Ces bonis ont largement remplacé les sommes que nous aurions reçues lors de la vente de la compagnie.*

— Et ils continuent à recevoir des bonis parce qu'ils sont encore ici, renchérit Jacques. Je suis presque sûr que ce n'aurait pas été le cas si nous avions vendu l'entreprise.

— Pourquoi donc ?

— La plupart des rachats de compagnie se concrétisent parce que quelqu'un veut s'approprier ce qu'un autre réussit très bien. Sauf que, généralement, l'acheteur est si préoccupé par les chiffres, les politiques internes, le *positionnement* sur l'échiquier et tout le baratin qui s'ensuit qu'il détruit ce qu'il désirait obtenir.

» Il ne réalise pas que ce sont les gens et la culture d'entreprise qui créent ce succès. Il détruit littéralement ce qu'il vient d'acquérir. Et tout le reste dégringole.

Chapitre 59

» Si nous avions accepté l'offre, je peux vous assurer que notre culture aurait été anéantie parce que les nouveaux propriétaires n'auraient pas compris, par exemple, notre politique de vacances au besoin. Puis, des plaintes au sujet de la redondance ou du chevauchement des responsabilités ou encore l'incompréhension de notre façon de concevoir notre département de recherche et développement afin de maintenir le travail sans stress inutile les auraient conduits à licencier 20 % des gens chez DLGL.

Il haussa les épaules.

— En peu de temps, tout le monde serait parti et l'essence de DLGL aurait été perdue.

Jacques fit une pause puis reprit en riant :

— Et pour ceux qui auraient reçu suffisamment d'argent pour prendre leur retraite... Vous savez, l'idée de la retraite est un non-sens lorsque vous aimez ce que vous faites. Même à la retraite, vous ferez quelque chose chaque jour et, idéalement, quelque chose que vous aimez.

» Je ne dis pas que tout le monde ici ne changerait rien à sa vie s'il gagnait à la loterie et n'avait plus à se soucier de l'aspect financier. Cependant, le but de DLGL était de créer un lieu de travail où les gens voudraient entrer tous les lundis matin. Moi inclus !

» L'offre d'achat était bien, mais, au bout du compte, je n'essayais pas de fuir une situation pourrie pour enfin vivre la vie de mes rêves et m'amuser avec des gens que j'aime. J'avais déjà tout cela chez DLGL.

» Et je pense que la plupart d'entre nous vous donneraient une réponse similaire si vous leur en parliez, conclut-il.

Chapitre 60

— Pouvez-vous me donner un aperçu de ce qu'est l'OPSCOM ? demanda Joe. Vous y avez fait référence à quelques reprises déjà. On en parle également dans le courriel que je viens de lire. Je voulais vous entendre à ce sujet depuis un moment déjà, mais l'occasion ne s'est pas présentée. Comme je vais assister à ma première réunion OPSCOM, j'aurais aimé en connaître l'historique et le but, si vous le voulez bien.

Jacques acquiesça à la demande de Joe sans hésiter.

— OPSCOM a été conçu à cause de ce qui est arrivé à Claude. Lorsqu'il est tombé malade, nous avons réalisé qu'il nous fallait repenser la façon dont nous gérions l'entreprise. Claude était sur le point de se retirer des activités quotidiennes de DLGL. Ce départ allait provoquer des changements, que nous le voulions ou non.

» Avant sa maladie, je me rendais à son poste de travail, je m'assoyais en déposant mes pieds sur son bureau et je lui disais que nous avions tel problème ou telle possibilité. Et il faisait de même. Beaucoup de choses se réglaient également sur le banc en fer forgé, près de la rivière, comme je vous l'ai expliqué l'autre jour.

» Nous discutions et prenions nos décisions de cette manière, incluant parfois dans nos discussions qui que ce soit de compétent quant au sujet et disponible. C'était très officieux. Le "pouvoir

Chapitre 60

exécutif" reposait sur nous deux, une sorte de conseil administratif à deux têtes, si vous voulez.

» Lorsqu'on a appris qu'il était gravement malade, Claude et moi avons convenu que nous devions répartir ce pouvoir entre d'autres personnes. Nous avons donc sélectionné quatre des personnes les plus expérimentées et les avons invitées à se joindre à nous. Éventuellement, Claude ne participa plus aux réunions et nous sommes restés cinq.

— Pourquoi ce nombre ? demanda Joe.

Jacques haussa les épaules.

— Nous voulons accomplir le travail avec le minimum de personnes. Dans le groupe, il y a deux personnes attitrées aux opérations clients. Elles représentent ce que nous faisons jour après jour. Il y a une personne œuvrant à la structure de l'entreprise qui voit à la direction que prendront l'entreprise et son produit. Une autre personne veille aux aspects techniques et aux ressources humaines. Et il y a moi.

Jacques fit une pause.

— Toutefois, gardez en tête, Joe, qu'il y a beaucoup de chevauchements entre nous. Il ne s'agit pas de chefs venant faire leur rapport sur leur domaine spécifique. Chacun est impliqué dans les domaines spécifiques aux autres. Les réunions sont donc des discussions ouvertes sur ce qui se passe à tous les niveaux.

Joe balança la tête.

— Avant qu'OPSCOM soit créé, les réunions entre vous et Claude étaient plutôt *informelles* et se tenaient au besoin. Est-ce que la même formule a cours lors des réunions OPSCOM ?

Jacques fit signe que non.

— Pas du tout, notre approche et notre philosophie concernant ces réunions nous amènent à les considérer comme étant probablement ce que nous faisons de plus important chaque semaine. Dans plusieurs organisations, les gens ont tendance à minimiser le temps accordé à de telles réunions, car elles sont souvent considérées comme des activités improductives. Nos OPSCOM sont très différents.

» Nous avons un agenda simple, concret et fixe. Chaque semaine, nous revoyons le dossier de tous les clients. Que se passe-t-il de leur côté ? Quelles sont leurs activités ? Où en est notre relation avec eux ?

» Nous parlons aussi du produit DLGL qu'ils utilisent ou des services que nous leur fournissons et de ceux dont ils pourraient avoir besoin.

» Finalement, nous discutons de l'impact de ces clients sur nos gens, ici, à l'interne, et des questions que ça soulève.

Joe sembla intrigué.

— Avez-vous un exemple à me donner ?

— Par exemple, si une nouvelle personne entre en poste chez l'un de nos clients et décide que l'un des membres de l'équipe DLGL devrait travailler à vingt-deux heures pour répondre à ses questions ou résoudre ses problèmes, ce ne serait pas toléré ici.

— Je vois.

— Nous prenons tout le temps nécessaire pour revoir tous les dossiers en détail, pour nous assurer que tout emprunte la bonne direction. Et comme nous tenons ces réunions chaque semaine, si des ajustements ou des interventions s'avèrent nécessaires, nous pouvons y voir rapidement.

» Cela évite qu'un problème soit en dormance pendant un mois avant qu'on le découvre, qu'il perdure un autre mois avant que quelqu'un s'en occupe et qu'il devienne alors un tracas important. Ici, une telle situation ne survient jamais. Nous *identifions* rapidement un problème, concevons un plan pour y remédier et passons à l'action.

— Qu'en est-il des processus de prise de décision ? Procédez-vous par vote ?

Jacques se mit à rire.

— Les décisions se prennent à la suite de discussions animées. Chacun des participants à l'OPSCOM a des opinions bien à lui sur certains points. Forcément, ça suscite des conversations particulièrement vives.

» Et c'est bien ainsi, très bien même. En fait, je crois que c'est la raison du succès de l'OPSCOM et, du coup, de DLGL. Personne ne craint d'être congédié lors de ces rencontres et personne ne sent le besoin d'impressionner les autres. Nous n'essayons pas de nous positionner sur l'échiquier de la compagnie afin d'obtenir une promotion.

» En conséquence, personne ne craint de donner son opinion. Tout comme on ne craint pas les discussions animées. Si quelque chose est important, il vaut mieux l'explorer sous tous ses angles. Et c'est ce que nous faisons.

Jacques jeta un regard amusé vers Joe.

— J'adore les discussions qui s'animent. Vous savez pourquoi ?

— Pourquoi ? demanda Joe, amusé à son tour.

— Parce qu'elles signifient que les gens sont « engagés », qu'ils ont la compagnie à cœur. Ils ont la propriété morale de ce qui se passe.

— La propriété morale ?

— Hum, hum. C'est bien d'avoir la propriété financière, et nous l'offrons ici. Les gens sont rétribués par leur salaire et les bonis. Lorsque la compagnie performe bien, ils en retirent eux aussi un bénéfice, mais lorsque les temps sont plus difficiles, cet avantage ne tient plus. Il y a donc une limite à cette source de motivation.

» La propriété morale est plus forte. Elle est possible lorsque les gens ont vraiment et profondément la compagnie à cœur parce qu'ils sont fiers de ce qu'ils font. Ils se sentent comme des gardiens de quelque chose d'important.

» C'est un peu comme la différence entre une armée de mercenaires rémunérés et une armée de volontaires civils regroupés pour défendre leurs maisons. Les civils vivent dans leur pays, avec leur famille. Leurs souvenirs, leur histoire, leurs biens… tout est relié à leur coin de pays. Ils sont prêts à mourir pour le protéger.

Jacques éclata de rire.

— Évidemment, nos gens ne sont pas dans de telles situations. Ils n'ont pas à combattre des envahisseurs, mais notre culture est telle que les gens lutteront pour le bien de DLGL grâce à la propriété morale qu'ils ressentent. Ils ont participé à bâtir cette compagnie. Ils sont cette compagnie. Leurs souvenirs, leur histoire, leurs liens… tout cela est ici.

Joe approuva.

— Je n'avais jamais entendu les termes *propriété morale* auparavant, mais j'ai constaté le même esprit ailleurs. Toutes les grandes compagnies que j'ai connues cultivaient ce même esprit d'engagement. Chaque grand *leader* que j'ai interviewé le privilégie également dans sa propre organisation.

Chapitre 60

— Il y a un autre aspect important concernant notre prise de décision, enchaîna Jacques. Dès qu'une décision est prise, tout le monde l'appuie. Peu importe les divergences du début ou quels aspects nous ont convaincus, nous nous rallions à la décision.

— Est-ce que les cinq membres d'OPSCOM sont les mêmes depuis le début ? demanda Joe.

— Oui, dit-il en souriant. Nous travaillons ensemble depuis longtemps. Ce fut l'une des clés de notre succès jusqu'ici et elle le sera encore dans l'avenir.

Chapitre 61

Joe et Jacques discutèrent pendant quelques minutes. Puis, un à un, les participants de l'OPSCOM se joignirent à eux dans la salle de conférence. Joe les avait déjà tous rencontrés au cours de son séjour chez DLGL. C'était, toutefois, la première fois qu'il assistait à une réunion en leur compagnie.

Lorsque tout le monde fut assis, Jacques présenta de nouveau Joe au reste du groupe.

— Avant de commencer, Joe, ajouta-t-il, l'une des clés pour réaliser une bonne réunion OPSCOM, c'est de ne pas compter d'observateurs passifs dans le groupe. Je sais que vous n'avez pas passé beaucoup de temps avec nous, mais si vous avez envie d'ajouter votre point de vue à la discussion, n'hésitez pas. Chacun, ici, est un participant.

Le commentaire de Jacques fit sourire Joe. C'était pratiquement la même remarque que Thomas émettait aux gens qui assistaient pour la première fois à un évènement de Derale Enterprises. Soudain, Joe prit conscience que ce souvenir de Thomas n'avait pas déclenché le sombre tourbillon qui l'affligeait depuis des mois chaque fois qu'il repensait à son ami. Joe aurait aimé explorer plus à fond ce sentiment, mais la réunion se mit en branle.

Chapitre 61

Tout comme Jacques l'avait expliqué quelques instants auparavant, le groupe passa en revue chacun des clients. Joe remarqua qu'une couleur était attribuée aux clients selon l'état de leur relation avec DLGL. Le vert indiquait que tout allait pour le mieux. Le jaune dénotait des aspects plus délicats dans la relation. Le rouge signalait un état de crise entre le client et DLGL. Le bleu signifiait un état de latence, lorsque « tout est sur la glace », comme on dit. Ces clients utilisaient le VIP, le produit de DLGL, mais aucune évolution n'était prévue en raison des politiques internes des clients ou d'autres facteurs. Un client affichant la couleur brune recevait 100 % des ressources et du soutien prévus au contrat, comme tout autre client. Toutefois, DLGL ne désirait pas développer la relation avec ce client. La principale raison pour laquelle on attribuait le brun à un client était le manque de respect envers les gens de DLGL ou une pression exagérée imposée à son équipe.

Jacques reprit ses explications concernant de tels agissements.

— Ce n'est tout simplement pas toléré. Nous sommes très compétents et nous nous efforçons toujours de faire de notre mieux. Si ne n'est pas suffisant aux yeux du client, nous en parlerons avec lui afin de trouver des solutions. Si, malgré tout, l'attitude du client ne change pas, nous ne travaillerons plus avec lui sur d'autres projets.

» La croyance qui dit que le client a toujours raison n'est que foutaise. L'ensemble des clients a raison. Un seul client représenté par un seul individu, à un moment donné, qui ne comprend pas ce que sa propre compagnie fait, qui essaie de se faire un nom sur notre dos ou de "transférer" son incompétence sur quelqu'un à DLGL n'est certainement pas un client qui a raison. Désolé !

» Nous nous demandons toujours ce qui est le mieux pour le client à long terme. La personne actuellement responsable du projet chez le client peut ne pas aimer quelque chose de notre produit ou de notre service, mais, dans trois ans, ou moins, elle aura probablement démissionné de ce poste. C'est souvent ce qui se produit. Nous aurons encore à expliquer de nouveau notre point de vue, notre interprétation de la relation jusqu'ici, les raisons pour lesquelles nous avions recommandé ceci ou cela. Puis, la réponse devra être pertinente. Nous ne voudrons pas simplement nous défendre en disant que la personne alors en poste chez le client tempêtait et qu'elle nous a obligés à agir selon sa volonté.

» Bien sûr, notre but est d'avoir le plus de clients possible présentant le vert et le moins de clients possible affichant les autres couleurs. L'énergie que l'on dépense pour les clients présentant le rouge est immense. Tout le temps accordé à ces dossiers aurait été nettement plus profitable s'il avait été investi ailleurs. L'objectif est de tenir les clients loin du rouge. Comme nous nous réunissons toutes les semaines, nous pouvons facilement déceler un client qui passe du vert au jaune et intervenir avant qu'il ne glisse au rouge.

— Quelle est la moyenne ?

— En gros, 79 % des clients affichent le vert, 5 %, le jaune, 3 à 5 %, le rouge, 10 %, le bleu, et 1 à 3 %, le brun, précisa Jacques.

— Y a-t-il une raison particulière qui fait passer un client d'une couleur à une autre ?

— Un changement de personnel chez le client, répondit Jacques. La relation peut passer de pas très bonne à excellente simplement par le remplacement de la personne-ressource chez un client.

» L'inverse est également vrai. Par exemple, dans le cas du client dont nous parlons actuellement, nous entretenions une excellente relation avec la personne en poste depuis dix-huit ans. Lorsqu'elle prit sa retraite, elle fut remplacée par quelqu'un de l'extérieur de la boîte qui ne nous connaissait pas et qui ne connaissait pas plus sa propre compagnie.

» Lorsqu'une telle personne arrive, bien souvent, elle essaie de se démarquer, de justifier l'augmentation du budget de son département, d'améliorer sa feuille de route dans un domaine particulier... Une situation difficile s'annonce alors !

» La première chose que la personne nous dit est ceci : "Ça fait dix-huit ans que nous utilisons ce système ? Il doit être périmé, sans doute, et nous devons le remplacer."

» La personne commence alors une campagne à l'interne pour mousser sa proposition de changement de système.

» C'est là que les maux de tête commencent et que nous finissons par investir un temps considérable qui aurait été mieux utilisé ailleurs.

» Ce que la nouvelle personne devrait se dire, c'est ceci :

"Dieu merci, j'arrive dans une situation où une compagnie nous procure déjà d'excellents résultats, et ce, depuis longtemps. Elle nous connaît très bien et améliore constamment son produit.

"Dieu merci, ce fournisseur n'a jamais raté une période de paie de toute son histoire et pour tous ses clients. Tout le travail de base pour nos systèmes de données est déjà accompli, et je n'aurai pas besoin de passer de cinq à sept ans à débroussailler les méthodes, les différents processus et les détails administratifs, ce qui m'évite d'être inefficace durant ces années.

"Dieu merci, ce fournisseur offre un produit de pointe, compétitif, qui continue à élargir sa part de marché, qui bénéficie d'un excellent soutien technique. De plus, ses personnes-ressources lui sont fidèles, ce qui signifie que les gens qui ont élaboré et implanté le système travaillent encore pour lui et connaissent donc très bien le produit. Par conséquent, un problème ou un besoin peuvent facilement et rapidement être pris en charge au lieu d'avoir quelqu'un qui tâtonne pendant des heures et des heures pour finir par rabouter des éléments, ce qui complique tout."

Joe ne put s'empêcher de sourire. L'un des traits de personnalité qu'il appréciait chez Jacques était sa façon de dire les choses telles qu'elles sont. Il était aussi très passionné de son travail.

— Alors, pourquoi cette personne ne se dit-elle pas ces choses? demanda Joe.

— Comprenez-moi bien, Joe. La plupart des nouvelles personnes chez nos clients partagent ces réflexions. Dans ce cas, nous demeurons au vert lors de la transition vers le nouvel employé. Tout est alors parfait. Par contre, dans le cas du client dont nous discutons aujourd'hui, le scénario est différent. La personne qui remplace notre précédent interlocuteur est plus centrée sur ses objectifs personnels que sur ceux de la compagnie qu'elle représente.

» Vous vous retrouvez donc à essayer de collaborer avec un type qui cherche à valoriser son curriculum vitæ en y ajoutant des mentions du genre "a complété l'implantation de tel logiciel" ou "a assuré la transition de telle technologie" ou encore "a géré un budget de tel montant". Il apportera toutes sortes de changements, il démarrera toutes sortes de projets et il créera un beau fouillis. Puis, il partira après deux ou trois ans sans que rien ne soit complété et juste avant que tout saute.

Joe approuva.

Chapitre 61

— Ça ressemble à ce que vous disiez l'autre jour : un cas d'objectifs mal alignés.

— Exactement, appuya Jacques. Dans le cas présent, le client s'est aperçu des agissements du type en question et de la façon qu'il traitait les autres. Il a été congédié, mais il a eu le temps de créer suffisamment de problèmes et de foutre le bordel dans le système. Si la personne qui le remplace démontre une meilleure attitude, nous serons ouverts à approfondir notre relation avec ce client. Sinon, nous n'irons pas plus loin.

» Il nous faut avoir un certain degré d'arrogance pour savoir et affirmer qui nous sommes, ce que nous pouvons offrir et vers où nous nous dirigeons. Ça nous permet de prendre position au besoin, ce qui est très important. Vaut mieux prendre position rapidement, lorsque les choses ne vont pas bien et n'ont assurément pas de chances de s'améliorer, que d'y engloutir temps et énergie.

Jacques haussa les épaules.

— Ça fonctionne. Au fil des ans, nous avons gagné de nouveaux clients sans en perdre un. Nous avons même approfondi notre relation avec la plupart d'entre eux, car nous cherchons constamment de nouvelles façons de leur permettre de connaître encore plus de succès. C'est un bon accord pour les deux partis.

Jacques, pensif, fit une pause, puis murmura :

— Mais...

— ... mais au cœur de votre réflexion, vous pensez à ce qui se passera lorsque vos interlocuteurs, chez vos clients, se retireront, compléta Joe avant de s'excuser. Désolé. Je ne voulais pas vous interrompre, mais je remarque que c'est ce qui se passe dans le présent cas. Vous faites de votre mieux pour prévenir les problèmes avant qu'ils ne surviennent.

Jacques sourit.

— Pas besoin de vous excuser, Joe. Vous êtes ici à titre de participant, pas seulement comme observateur. Vous avez raison. En étant proactifs et en interceptant ce qui pourrait devenir des problèmes, nous évitons beaucoup de crises.

» Dans le présent cas, nous devons affronter une situation particulière. Peu de compagnies se retrouvent dans notre situation si notre interlocuteur, depuis très longtemps, chez l'un de nos clients, prend sa retraite.

Joe comprit très bien la situation. Il regarda tour à tour les participants à la réunion puis lança ceci :

— J'ai une idée pour vous.

Chapitre 62

Durant les quinze minutes suivantes, Joe étala ce qu'il avait observé chez DLGL : les noms de clients pour nommer les salles de conférence; l'arbre avec des notes de personnes qui ont passé six mois dans les bureaux de DLGL pour élaborer et implanter un système dans leur compagnie; les relations et les amitiés de longue date entre les gens chez DLGL et avec les clients qui utilisent son logiciel quotidiennement, etc.

Il traça ensuite des parallèles amusants entre la relation de DLGL avec ses clients et un lien affectif entre deux personnes. Au début, il y a la séduction, la connexion, l'admiration, la passion. C'est un peu ce qui est survenu avec les clients ayant passé des mois chez DLGL. Il y avait le désir de créer quelque chose de formidable, une atmosphère positive en plus des fruits gratuits chaque jour, des joutes de badminton, du Vipnase, de l'esprit d'équipe, de l'engagement...

Avec le temps, au fur et à mesure que les gens se retirent ou partent, la forte connexion avec DLGL s'effrite. Dans une relation, lorsque la connexion s'affaiblit, les gens oublient à quel point l'autre personne est unique ou ils ne se rappellent plus tout ce qu'elle apporte à la relation.

Dans cette situation, le client peut fort bien ne plus réaliser à quel point DLGL a contribué à ses succès ou à quel point ils formaient une bonne association. Alors, lorsque se présente un nouveau fournisseur potentiel, le client est plus enclin à l'écouter que par le passé.

C'est particulièrement vrai si la nouvelle personne chargée du dossier chez le client arrive de l'extérieur de la boîte. Cette personne n'aura aucun lien avec le projet initial et aucune connexion avec DLGL et son produit. Elle n'a pas fait partie de l'équipe qui a créé le projet d'origine. Elle n'aura jamais «joué» ou ri avec les gens de DLGL. Pour elle, DLGL n'est qu'un fournisseur et le VIP n'est qu'un logiciel.

Joe expliqua ensuite le concept de la journée de musée et à quel point ce serait formidable si chaque client pouvait considérer sa relation avec DLGL sous cette perspective. Il faut imaginer quinze ou vingt années de succès, de rires, d'accomplissements. Il pourrait y avoir des images de gens «concevant», «créant» et «bâtissant» ensemble, des anecdotes, des statistiques et bien d'autres illustrations représentant l'impact de leurs efforts collectifs au fil des années.

Des millions de chèques de paie, distribués au bon moment et à la «cent» près, en récompense d'un travail bien fait, permettent le paiement du prêt hypothécaire, les études des enfants, les vacances en famille…

Des centaines de milliers de personnes qui ont des horaires précis, chaque jour, permettant l'accomplissement de tâches importantes afin que les clients soient servis efficacement et sans retard.

Des millions de requêtes vers la base de données du VIP chaque jour, avec un retour d'informations rapide et précis, de sorte que les dirigeants sont en mesure de prendre des décisions importantes et de mener leur entreprise vers ses objectifs.

Joe expliqua qu'une nouvelle personne dans la relation comprendrait beaucoup mieux le lien entre DLGL et sa compagnie en arpentant un tel musée. En personne ou virtuellement. Elle aurait la vision de l'importance du lien existant.

Il expliqua aussi l'un des concepts principaux que Thomas lui avait enseignés. Ce concept, il l'avait ensuite lui-même enseigné à de nombreux *leaders* grâce à son rôle au sein de Derale Enterprises. La question n'était jamais «Comment?», comme dans «Comment pouvons-nous...?», mais plutôt «Qui?», comme dans «Qui a déjà fait, vu ou expérimenté ce que nous voulons faire, voir ou expérimenter?»

— Vous avez un défi unique devant vous, dit-il en souriant pour résumer sa pensée. C'est une question d'amour. Quelle serait une façon efficace d'entretenir et de maintenir l'amour avec les clients existants, et ce, même si des gens partent, que des visages changent ou que de nouveaux prétendants tentent de s'infiltrer? Comment pourriez-vous faire en sorte que de nouveaux clients tombent amoureux de vous?

» Ce qui est particulièrement intéressant, c'est que vous êtes votre propre "qui", continua Joe.

Jacques sourit.

— De quelle façon, Joe?

— Vous avez conçu vos produits de sorte qu'ils puissent être utilisés par tous vos clients et non un seul. Vous comprenez l'importance de bâtir à long terme. Vous souhaitez investir dans vos relations en sachant que le rendement de votre investissement se fera plus tard, mais qu'il en vaudra largement la peine.

» Vous savez que la culture se transmet plus facilement par les histoires, et c'est ce que vous faites grâce au *Grand petit livre des courriels*. Le plus important, c'est de comprendre l'essence de la propriété morale, soit à quel niveau les gens désirent participer à quelque chose qui compte, qui a un sens, et à quel point ils se battront pour le défendre.

Joe sourit de nouveau.

— À partir de cette perspective, il s'agit simplement d'appliquer ces mêmes approches à l'idée d'un musée de clients.

Chapitre 63

Il était dix-sept heures trente. Joe et Jacques roulaient en direction de l'évènement auquel Jacques participait. À la suite des commentaires de Joe au sujet d'un musée de clients, l'équipe OPSCOM s'était mise à développer des idées… avec fébrilité. Et elle s'y affairait encore au moment du départ de Joe et de Jacques.

— Comment vous sentez-vous ? demanda Jacques.

— Bien. Très bien même, répondit Joe en souriant.

— Ce que vous venez de faire lors de la réunion était très impressionnant, lui confia Jacques. Jusqu'ici, vous avez été passablement réservé et observateur de ce que nous faisions de bien. Aujourd'hui, je pense que nous avons eu un aperçu de ce que Joe Pogrete fait de bien.

Joe conserva son sourire.

— J'adore relier les points, voir les schémas et participer à attacher toutes les ficelles ensemble afin de créer quelque chose d'unique et d'extraordinaire…

Il se mit à rire.

— La mise en application concrète n'est pas mon point fort, je le sais, mais j'adore permettre aux gens de concevoir quelque chose puis d'en voir les résultats.

— Avez-vous déjà vu un musée de clients comme ce que vous nous proposez ? demanda Jacques.

Joe prit le temps de réfléchir.

— Il y a cet incroyable endroit, en Thaïlande, le *Hall of Still Thoughts*. Son contexte est différent, mais son essence est similaire.

De nouveau, Joe fit une pause avant de continuer.

— Lorsque je relate les histoires de différents grands *leaders*, les gens me demandent souvent lequel, parmi ceux que j'ai croisés, est le plus grand. C'est une question un peu injuste, car chaque *leader* a sa propre voie, son propre but.

» Cependant, l'un des plus grands est la femme qui a inspiré le *Hall of Still Thoughts*. Elle est toute petite, elle mesure peut-être un mètre et demi, elle est toute menue, elle ne pèse pas plus de cinquante kilos. Elle s'appelle "maître" Cheng Yen. À Taïwan, elle est moine bouddhiste.

— Vraiment ? fit Jacques, étonné et amusé. C'est le genre d'histoire qui me plaît.

— Elle a une histoire de vie plutôt fascinante. Comme la plupart des grands *leaders*, au début, elle cherchait sa propre identité : "Qui suis-je ? Que vais-je faire de ma vie ? Quelle est ma raison d'être ?"

» Son père connaissait beaucoup de succès en affaires, et il aurait été facile pour elle de prendre la relève dans l'entreprise familiale. Ce n'était pas sa voie et elle le savait intérieurement.

Chapitre 63

» Pendant des années, elle a cherché sa place dans le monde. Puis, elle a décidé de devenir moine bouddhiste.

— Je ne savais pas que des femmes pouvaient devenir moines, dit Jacques.

— Parfois, oui, mais ce n'est pas commun. C'est en partie ce qui rend son histoire si particulière. En affirmant son choix de devenir moine, elle fit face à des résistances. Les gens essayaient de lui imposer des lois, des règlements et une longue liste de choses à faire pour prouver sa capacité d'être moine. Heureusement, elle sut naviguer à travers ces résistances. Elle savait qu'on ne se définit pas selon ce que les autres disent que nous sommes, mais bien selon ce que nous savons être au fond de notre cœur.

» Elle dressa son propre code de vie : sa ligne directrice, sa philosophie, sa responsabilité quant à sa vie, sa volonté de faire une différence, d'aider les gens, d'agir… Ceux qui se sentaient interpellés par son approche étaient libres de se joindre à elle s'ils le désiraient. Et c'est exactement ce qui est arrivé.

» En vivant selon son code de vie, elle commença à attirer des gens. Ils étaient attirés par sa conviction et son altruisme. Je pense qu'ils étaient aussi séduits par sa philosophie de vie qui prônait la responsabilité de chacun par rapport à sa propre situation.

» Un jour, elle visitait un hôpital et elle remarqua du sang sur le plancher. Elle voulut savoir ce qui s'était passé. On lui raconta que des gens avaient transporté jusque-là une femme d'un village montagnard. Le trajet avait duré quatre heures. La femme était visiblement blessée, mais sa famille n'avait pas l'argent nécessaire pour payer les soins hospitaliers. On l'a donc retournée chez elle encore sanglante.

» En voyant cela, maître Cheng Yen se dit qu'il devait y avoir une meilleure façon d'agir envers les gens nécessiteux. Elle commença à amasser des fonds pour construire un hôpital où l'on soignerait tous ceux qui en auraient besoin. Tout en poursuivant sa collecte de fonds, elle se mit en quête de docteurs, mais pas n'importe lesquels : ceux qui offriraient leur temps aux patients, qui s'en préoccuperaient vraiment et qui les traiteraient comme des êtres humains.

» Elle eut de la difficulté à trouver de tels docteurs. Donc, en plus de recueillir des fonds pour construire un hôpital, elle fonda une école de médecine où de nouveaux médecins seraient formés selon la compréhension que la compassion et le lien humain sont aussi importants que le savoir médical.

» Elle a ensuite réalisé que les mêmes défis se présentaient quant au personnel infirmier. Elle a donc mis sur pied une école en soins infirmiers. Lorsque tout cela fut complété et fonctionnel, elle fonda des écoles pour les enfants, puis pour la protection de l'environnement, puis pour l'aide aux victimes de désastres naturels.

Jacques était impressionné.

— Incroyable, dit-il.

— Vraiment, approuva Joe. Elle a fondé l'organisme Tzu Chi. Il a fait plus pour les gens que tout autre organisme que j'ai connu à travers le monde.

» Lorsque surviennent des ouragans, des inondations, des tremblements de terre ou tout autre cataclysme, les gens de Tzu Chi sont présents sur le terrain. Ils y font une réelle différence. La plupart du temps, ils fournissent de la nourriture et du matériel aux sinistrés plus rapidement que quiconque, y compris les agences gouvernementales qui sont censées s'en occuper.

Chapitre 63

» Ils sont innovateurs. Par exemple, ils ont trouvé une façon de recycler les bouteilles de plastique pour en faire des couvertures et des vêtements utilisés lors de leur déploiement en zones sinistrées. Les vieux écrans de télévision sont transformés en de magnifiques bracelets qu'ils vendent afin d'amasser des fonds pour leurs programmes éducationnels.

» Rien ne se perd. Toute personne désirant faire du bénévolat est affectée à un programme. Les éléments jetés par les autres sont transformés en quelque chose d'utile. C'est vraiment impressionnant.

Joe sourit en haussant les épaules.

— Maître Cheng Yen n'a jamais quitté Taïwan. Pourtant, plus de dix millions de personnes, dans quarante-sept pays, ont été inspirées par son histoire, ses écrits et ses réalisations et se sont portées volontaires pour participer à l'organisation Tzu Chi. Ensemble, ces gens font une réelle différence partout dans le monde.

— Comment avez-vous connu cette organisation et sa fondatrice ? demanda Jacques.

— C'était lors d'une conférence que je donnais à Taïwan. J'y partageais entre autres les concepts des cinq grands rêves de vie et de la journée de musée. Quelques membres de Tzu Chi étaient dans l'assistance et ils m'ont invité à visiter le *Hall of Still Thoughts*. Ils avaient l'intuition que ça me plairait, car ils y voyaient une connexion aux thèmes de ma conférence. Et je dois vous avouer que cet endroit est tout simplement incroyable.

— Comment est-ce ?

— C'est particulièrement beau ! Je ne suis pas le genre de personne qui s'arrête aux détails. Je ne me soucie pas de la table qu'on m'assigne au restaurant. Je ne remarque pas vraiment les couleurs ici et là. Par contre, même pour quelqu'un comme moi, ce lieu est renversant. Chaque élément est parfait. Les boiseries, la décoration, les présentoirs. Tout est joli, reposant et inspirant.

» Certaines pièces sont consacrées aux différents champs d'intérêt de l'organisation, comme l'éducation, l'environnement, la santé. Dans chaque section, on présente des projets déjà réalisés et leurs impacts.

» C'est le genre d'endroit qui vous inspire au-delà de tout ce que vous auriez pensé possible. Il vous rappelle votre véritable potentiel, en tant qu'être humain, mais aussi en tant que collectivité, de faire une différence dans le monde.

Joe afficha de nouveau un sourire.

— En visitant ce lieu, vous vous sentez de plus en plus impressionné par les accomplissements de l'organisme. Personnellement, je n'ai pu m'empêcher d'être émerveillé par rapport à la façon dont ils ont aménagé les pièces.

— Ah oui ?

— En général, les gens prennent des décisions selon un mélange d'émotions et de logique. Habituellement, ils agissent selon les émotions et ils se justifient par la logique. Les expositions du *Hall of Still Thoughts* marient habilement les deux aspects.

» On y retrouve des photos et des histoires, ce qui les rend réelles, personnelles et amusantes. On peut y voir des photos de volontaires distribuant de la nourriture et des couvertures aux survivants d'un tsunami ou des images de gens riant et s'amusant tout en construisant une école ou en ramassant des matières recyclables.

» Sous les photos, des textes nous expliquent ce qui a inspiré les volontaires à offrir leur aide, leur contribution. La façon dont c'est présenté dégage une touche humaine et un aspect personnel très intéressants. En tant que visiteur, vous vous sentez interpellé.

» Accompagnant les photos et les textes, des statistiques et des informations permettent de saisir l'ampleur des œuvres accomplies jusqu'ici par les volontaires. Je ne me rappelle plus les chiffres exacts, mais il y avait des statistiques du genre "31 450 couvertures distribuées en 3 jours aux sinistrés d'un tsunami" ou "plus de 3 millions de bouteilles de plastique ramassées et recyclées en 2 mois".

» Croyez-moi, le *Hall of Still Thoughts* est un parfait mariage d'environnement, d'histoires et d'informations. Après l'avoir visité, vous êtes porté par le sentiment de vouloir faire partie de tout ce phénomène, de vouloir aider.

» On m'a raconté que des présidents et des directeurs avaient démissionné de leur emploi pour se porter volontaire à temps plein au sein de l'organisation. Des gens se sont également sentis si interpellés qu'ils ont décidé de "contribuer" à leur façon. Parfois, c'est par une aide financière, d'autre fois, c'est en rendant disponibles certaines ressources de leur compagnie.

» Ce lien est inspirant parce que l'on constate que cette organisation accomplit de grandes choses vraiment merveilleuses qui donnent un sens à la vie. Et les gens veulent faire partie de tout cela.

Joe se retourna vers Jacques.

— En général, les gens souhaitent donner un sens à ce qu'ils font, à leur vie ! Ils désirent prendre part à de bonnes activités, mais ils ont plus tendance à se joindre à un mouvement déjà amorcé qu'à en démarrer un eux-mêmes. L'organisation Tzu Chi leur donne cette occasion.

— Et tout cela mené de main de maître par une toute petite femme qui se fit moine bouddhiste, ajouta Jacques.

— Oui, cette femme est une force de la nature pour le bien. En plus, elle a le sens des procédés, de la motivation, de l'innovation et de la connexion entre les gens comme peu de gens dans le monde.

Il secoua la tête en souriant.

— Il y a, de toute évidence, plus de véritables *leaders* remarquables dans le monde. Vous en êtes un, Jacques. Par rapport aux styles, aux croyances ou aux actions, chaque *leader* correspond à certaines personnes et pas à d'autres.

» Pour moi, cette dame a toujours été un exemple de l'impact que peut avoir un *leader* positif. Alors, la réponse à votre question du début, qui a démarré cette conversation, est oui. Le *Hall of Still Thoughts* est l'exemple parfait d'un *leader* créant une sorte de musée qui a inspiré les gens à se relier à ce que fait une organisation et pourquoi.

— Ce moine semble être une excellente « qui », conclut Jacques.

— Absolument, confirma Joe.

Chapitre 64

Joe et Jacques arrivèrent à leur destination un peu avant dix-huit heures. Immédiatement, ils furent accueillis par l'une des organisatrices de l'évènement.

— C'est un plaisir de vous recevoir, Jacques. Merci beaucoup d'avoir accepté notre invitation. Je m'appelle Marguerite.

Jacques serra la main de la femme.

— Ravi de vous rencontrer, Marguerite. Merci de m'avoir invité.

Jacques se tourna vers Joe et le présenta.

— Voici Joe Pogrete. Je vous avais informé de la présence de cet ami.

Joe serra la main de Marguerite et échangea avec elle quelques politesses d'usage.

— Venez vous installer, dit Marguerite. Nous allons débuter dans environ trente minutes. Il y a deux conférenciers ce soir. Vous, Jacques, et un monsieur d'une agence de recrutement de haut niveau. Vous parlerez tous les deux du même sujet, soit de la manière d'attirer les meilleurs talents, spécifiquement parmi les individus des générations X et Y.

» Comme je vous le mentionnais dans nos échanges de courriels, ce serait bien si vous pouviez présenter votre vision de ce que cherchent ces candidats : le genre d'emploi, de compagnie, d'employeur. Les gens de l'auditoire sont des présidents et des directeurs généraux venant de plusieurs des plus grandes organisations de la province. Certains, du secteur privé, d'autres, du secteur public.

» À chaque table, nous avons aussi invité une personne de 30 à 35 ans qui est reconnue pour son degré de performance sur le plan provincial. Ces jeunes personnes se démarquent dans les compagnies qui les embauchent.

Jacques fit signe qu'il saisissait très bien le topo.

— Je ne peux pas parler de ce qui se passe ailleurs, mais je peux certainement vous parler de ce que nous constatons chez DLGL.

Marguerite tapota l'épaule de Jacques.

— Comme votre compagnie s'est vu attribuer la mention du meilleur milieu de travail sur la scène provinciale au cours des treize dernières années et deux fois au Canada, dont cette année, je suis persuadée que les gens souhaiteront vous entendre sur notre sujet de ce soir.

La salle était garnie d'une douzaine de tables rondes. Marguerite leur désigna l'une d'elles à l'avant.

— Le technicien viendra installer votre microphone bientôt. Nous commencerons peu après. Avez-vous besoin d'autre chose ?

— Non, Marguerite. Je crois que nous sommes prêts.

Chapitre 64

À dix-huit heures trente, précisément, Marguerite prononça les mots de bienvenue et fit les présentations. Elle laissa ensuite la parole à l'autre conférencier qui débuta sans hésiter. Comme Marguerite nous l'avait dit, il travaillait pour une agence de recrutement et de chasseur de têtes de haut niveau.

Il ne fallut que quelques minutes à Joe pour qu'il réalise que ce serait un affrontement d'opinions. Le premier conférencier affirmait que les gens très performants des générations X et Y recherchaient la mobilité. Selon lui, ces personnes souhaitaient travailler deux ans à un endroit puis partir pour une autre compagnie.

— C'est le présent et c'est aussi l'avenir, dit-il. Les compagnies doivent s'adapter à cette conjoncture et apprendre à vivre avec elle. N'espérez pas de ces jeunes une alliance de plus de deux ans. Ils veulent avoir un emploi, en tirer le maximum de formation et d'expérience, puis partir pour poursuivre d'autres intérêts.

Il continua sur cette lancée durant une quinzaine de minutes. Il parla du désir d'exécuter des tâches multiples, du besoin d'une stimulation constante, du temps passé à surveiller les téléphones intelligents chaque jour…

Joe jeta un coup d'œil à Jacques. Ce dernier haussa les épaules.

Chapitre 65

Lorsque le premier conférencier eut terminé, Marguerite présenta Jacques et l'invita à monter sur scène.

Jacques se leva et se rendit au micro. Pendant un instant, il parcourut la salle du regard.

Joe sourit. Il repensa à l'un de ses amis qui avait grandi dans une région rurale. Cet ami amorçait souvent des discussions en affichant le comportement d'un gars de la campagne. Sans prétention, versant plus dans l'autodérision que dans la vantardise.

Mais, lorsqu'il commençait à parsemer son discours de détails, de statistiques et d'informations pertinentes, les gens réalisaient graduellement qu'ils se trouvaient en présence d'un homme très brillant.

Joe avait l'intuition que l'auditoire était sur le point de vivre une telle expérience.

Jacques observa la salle pendant encore quelques minutes puis débuta.

— Je voudrais remercier notre premier conférencier pour sa présentation. J'aime énormément entendre l'opinion des autres sur différents sujets. Ça m'aide à revoir mes propres croyances et perspectives. Bien sûr, la réalité de chacun est basée sur ce qu'il voit autour de lui.

Jacques tourna la tête en direction du premier conférencier.

— Merci d'avoir partagé avec nous votre expérience.

Jacques fit une courte pause et reprit :

— Toutefois, vous me voyez désolé, car, selon mon expérience chez DLGL, je suis en complet désaccord avec vous.

Joe ne put s'empêcher de sourire.

— Dans l'ensemble, ce que vous avez décrit est peut-être l'attitude des gens, mais ce n'est pas ce qu'ils souhaitent. C'est une réaction au manque de loyauté des compagnies. Comment voulez-vous que les gens soient loyaux envers un employeur, alors que ce n'est clairement pas réciproque ?

» En vérité, les gens sont disposés à être loyaux. Dans un environnement adéquat, ils demeureront en poste plus de deux ans. En fait, dans un environnement adéquat, ils resteront chez le même employeur toute leur carrière.

» Le problème vient des entreprises, principalement dans la façon dont elles traitent leurs employés. Elles ne leur prêtent guère attention et ne font pas ce qu'elles devraient faire. Elles créent ainsi leurs propres problèmes.

Jacques fit une pause afin de permettre à l'auditoire d'accueillir ses paroles.

— Le coût de remplacement de vos meilleures personnes est très élevé. Après deux ans en poste, une personne commence vraiment à être pleinement efficace. Elle a appris les rudiments de son travail, elle maîtrise en partie les dynamiques internes, le marché lui est familier, comme l'industrie… Et c'est à ce moment que vous la perdez et que vous devez tout recommencer ?

» C'est un processus incroyablement coûteux qui n'est assurément pas en harmonie avec le long terme.

» Alors, au lieu de prétendre que c'est une situation avec laquelle il nous faut apprendre à vivre, je suggère de la combattre.

» Comment ? Premièrement, admettons que le problème relève de la compagnie, pas des employés. Deuxièmement, commençons à faire preuve de loyauté envers nos employés. Et ils nous le rendront.

Jacques eut un léger haussement d'épaules.

— Lorsque Marguerite m'a demandé de m'adresser à vous ce soir, je lui ai d'abord mentionné que je n'étais peut-être pas le conférencier qu'elle cherchait. Chez DLGL, nous ne recrutons personne. Notre taux de rotation du personnel est à zéro et la moyenne d'ancienneté de nos employés est de seize ans. Donc, nous n'avons pas besoin de recruter, année après année, de nouvelles personnes.

» Les gens que nous embauchons font partie d'un bassin d'individus qui nous avaient déjà remarqués grâce à notre façon de faire et à notre réputation de bon employeur. Ce sont des talents de premier plan qui cherchent un meilleur environnement pour faire fleurir leur potentiel.

» Bien que nous n'ajoutions pas beaucoup de personnes à notre équipe au fil des ans, nous continuons de croître, mais cette croissance vient de la constante amélioration de notre travail. Lorsque les bonnes personnes restent en poste, elles s'améliorent et deviennent plus efficaces. Ça nous permet de servir plus de clients et de faire croître notre entreprise sans y ajouter d'employés.

» Ainsi, nos efforts ne portent pas sur le recrutement de nouvelles personnes. Nous travaillons plutôt à rendre heureux les gens talentueux qui sont déjà avec nous.

Jacques regarda en direction de Marguerite en souriant.

— Mais, Marguerite m'a assuré qu'elle comprenait tout cela et que c'était le type d'informations qu'elle souhaitait me voir présenter. Alors, me voici devant vous.

Il haussa les épaules.

— J'aime que la vie soit simple. Alors, j'ai résumé ma vision en quelques points principaux.

Chapitre 66

Une diapositive de présentation apparut à l'écran, derrière Jacques. On pouvait y lire quatre points :

1. DLGL
2. Culture d'entreprise
3. Politiques en ressources humaines
4. Engagement

Jacques appuya sur un bouton et la diapositive disparut.

— DLGL est une compagnie spécialisée, commença-t-il. Elle existe depuis 32 ans et elle se spécialise dans la création et le suivi à long terme de systèmes de gestion des ressources humaines pour d'importantes compagnies ou sociétés à travers le Canada. Nous servons aussi quelques clients américains affiliés à certains de nos clients canadiens. À titre de référence, notre expertise et notre spécialisation nous placent en compétition directe avec des compagnies comme SAP, PeopleSoft et Oracle.

» En ce qui concerne notre culture d'entreprise, notre secret, chez DLGL, est que nous avons énormément de respect pour les gens. Notre philosophie directrice est claire : nous tenons à ce que tous aient une excellente qualité de vie, que ce soit nos employés, nos clients, nos fournisseurs ou nos actionnaires.

Chapitre 66

» La compétence et le bonheur manifestés par nos employés nous permettent d'offrir des produits et des services absolument extraordinaires. C'est ce qui explique notre succès en tant que *leader* dans notre industrie. Malgré notre petite taille.

» La reconnaissance est accordée aux employés, qui eux l'offrent à leur tour aux clients, ce qui finit par rejaillir sur les actionnaires.

» Cette philosophie est contraire à ce que l'on voit dans plusieurs compagnies qui ont d'abord pour but de favoriser les actionnaires au détriment des employés et des clients.

Jacques fit une pause et promena son regard sur la salle.

— Selon moi, cette inversion des priorités comme nous la pratiquons est notre plus grand secret de succès.

» Désirons-nous de bons contrats ? Absolument. Voulons-nous des contrats lucratifs ? Absolument. Toutefois, contrairement à plusieurs entreprises dont le but est la croissance à n'importe quel prix, notre croissance ne vient pas de la signature de contrats douteux qui n'ont pour but que d'atteindre un nombre quelconque.

» Nous avons toujours donné une satisfaction totale à nos clients, en partie grâce à notre approche. Nous insistons sur le plaisir de travailler avec nos clients. Nous n'acceptons pas ceux qui traiteraient possiblement nos employés de manière inacceptable. Et nous ne poursuivrons pas notre relation avec ceux qui démontrent qu'ils manqueront de respect envers nos gens.

» En accordant de l'importance à nos employés qui, à leur tour, en accordent à nos clients, nous faisons les choses de la bonne façon. Grâce à cela, nous connaissons une croissance, le type de croissance que nous souhaitons.

Il appuya sur un bouton de nouveau et une nouvelle diapositive apparut : « Nos inspirantes politiques en ressources humaines ».

– Au fil des années, nous avons mis en place différentes choses pour rendre la vie de nos gens plus "confortable". Par exemple, nous distribuons gratuitement des fruits, des noix et d'autres produits alimentaires sains à toutes les personnes dans l'entreprise, et ce, deux fois par jour. Autrefois, nous avions des distributrices qui offraient du chocolat, du café et des produits de malbouffe.

» Nous avons décidé d'opter pour des produits santé. Les gens en bonne forme mentale prennent de meilleures décisions. Une dose de caféine ou de sucre ne favorise pas la prise de décision.

» Également, les gens en bonne forme physique prennent eux aussi de meilleures décisions. Pour cette raison, nous avons aménagé deux gymnases pour nos employés. L'un sert aux joutes de basketball, de volleyball, de badminton… L'autre est le Vipnase. Il se veut un centre d'entraînement de première classe.

» Le but d'avoir toutes ces commodités sur place est de faciliter l'entraînement physique et les activités sportives pour nos gens. Ils n'ont plus à conduire 45 minutes pour se rendre à un gymnase. Ils en ont un, à un ou deux étages de leur bureau, aussi "à point" que tout autre gymnase. Toutes ces installations sont accessibles à toute heure de la journée.

» Les gens ont tous un casier qui leur est assigné et où ils peuvent ranger leurs vêtements durant leur séance d'entraînement ou leur activité sportive. Les serviettes sont fournies par un service extérieur. Voilà donc des commodités et des avantages qui contribuent à l'équilibre de la vie de nos employés.

Chapitre 66

Jacques fit défiler une autre diapositive, celle de l'engagement. Avant de poursuivre sa présentation, il prit le temps de réfléchir à la façon dont il allait exprimer ses idées.

— Je ne crois absolument pas à la théorie voulant que la nouvelle génération souhaite passer environ deux ans à un emploi puis changer continuellement d'employeur. Ce n'est pas toujours la meilleure option de changer votre enfant d'école tous les deux ans. Ou de vendre votre maison tous les deux ans. Ou de recommencer votre vie dans une nouvelle ville et de vous faire de nouveaux amis tous les deux ans.

» Je suis convaincu que la nouvelle génération d'employés, que l'on dit "déloyale", réagit à la déloyauté des entreprises. La vérité, c'est que les gens veulent trouver un endroit où ils peuvent connaître une vie professionnelle stimulante et rémunératrice.

» Par contre, cela ne veut pas dire qu'ils doivent travailler soixante-dix heures par semaine pour conserver leur emploi ou être considérés comme des personnes de haute performance. Lorsque vous devez travailler tant d'heures, vous n'avez pas de vie sociale ou familiale. Ce n'est pas ça, la vie. Nous n'exigerions jamais cela de nos gens, d'aucune façon.

» Notre philosophie, qui met l'accent sur des contrats raisonnables et des clients raisonnables, est en grande partie ce qui nous permet de travailler selon des délais raisonnables. Ainsi, nos gens n'ont pas à travailler plus de 35 ou 37 heures par semaine. Si nous avons un employé qui a absolument besoin de travailler soixante-dix heures par semaine, nous lui suggérons de "se rallier" à nos compétiteurs, qui seront plus qu'heureux de l'accueillir et de le faire travailler jusqu'à l'épuisement.

» Actuellement, nous comptons 87 personnes au sein de DLGL. Ce sont les mêmes personnes qu'il y a cinq ans. Dans un environnement présentant un ratio de 15 à 20 % de rotation du personnel typiquement reconnu et accepté, il nous aurait fallu de 300 à 400 personnes pour accomplir les mêmes résultats réalisés par nos 87 personnes. Et nous n'aurions certainement pas entretenu les mêmes relations avec nos clients.

» Nous évoluons dans une industrie de haute technologie en compagnie d'organisations cinq cents fois plus grosses que nous. Nous nous spécialisons dans le segment de marché présentant le plus de défis technologiques et organisationnels : celui des grands employeurs. Chaque fois que nous discutons avec un client potentiel, nous devons démontrer la valeur de notre travail et de nos produits. Sinon, ce client se tournera vers l'un de nos imposants compétiteurs. C'est facile de choisir une compagnie dont le nom apparaît sur d'immenses enseignes lumineuses à tous les dix mètres dans les couloirs de l'aéroport. Rarement quelqu'un sera-t-il congédié pour une telle décision.

» Malgré ces défis, non seulement nous survivons, mais nous tirons notre épingle du jeu. Lorsqu'un client potentiel veut nous comparer avec la compétition, il fait les vérifications nécessaires durant des mois. Il procède à des analyses exécutées par des experts externes et six à dix experts à l'interne. Il revoit nos réponses à des milliers de questions, les scénarios que nous avons fournis, les exemples tirés de nos clients… Et lorsque tout cela est complété, nous obtenons le contrat.

» Nous sommes les meilleurs au monde dans notre domaine. Nous refusons malgré tout de grossir trop rapidement comme plusieurs voudraient nous voir le faire.

»Tout cela est possible grâce aux produits que nous créons et à notre façon de mener nos affaires. Et, je le réitère, à la base de tout se trouve le traitement que nous accordons à nos gens.

»En tant que *leaders* de nos compagnies respectives, vous et moi prenons des décisions chaque jour. Je vais clore ma présentation de ce soir en partageant avec vous une approche plutôt basique qui m'a toujours bien servi, que ce soit pour trouver les bonnes personnes ou les bons clients et pour bien d'autres choses aussi.

»Dans mon bureau, j'ai affiché trois photos. Il y en a d'autres, mais ces trois-là sont justes devant mes yeux. La première est une photo de Claude Lalonde. Il a fondé DLGL avec moi, il y a trente ans. La seconde est celle de mon chien, Choco, qui a été mon compagnon constant au cours des quinze dernières années. La dernière est une photo de mon père.

»Ces trois êtres sont décédés, mais leur esprit est toujours présent. Ce qu'ils m'ont enseigné ne m'a jamais quitté. Chaque fois que je dois prendre une décision, je me pose une question très simple : "Que diraient ces trois êtres de ce que je fais en ce moment ?"

» Si la réponse n'est pas qu'ils seraient fiers de moi, alors je sais que je prends la mauvaise décision.

Jacques salua la foule d'un signe de la tête.

— Je vous souhaite une merveilleuse fin de soirée.

Chapitre 67

Joe et Jacques partirent et retournèrent chez DLGL afin que Joe puisse récupérer sa voiture.

— Qu'avez-vous pensé de la soirée ? demanda Joe sur la route du retour.

— Je ne crois pas que ce groupe nous invitera de nouveau, répondit Jacques en souriant. J'ai observé l'auditoire. À l'exception de quelques *leaders*, les gens ne voulaient pas entendre un tel message. Ils recherchaient la validation de ce qu'ils croient déjà, c'est-à-dire que c'est correct d'avoir un taux de rotation du personnel de 15 à 20 % et qu'un *leadership* fort veut dire d'amener les employés à travailler de 9 à 21 heures. Ce sont des *leaders* d'imposantes compagnies et ils se considèrent comme des vainqueurs. Ils gèrent dix-huit mille ou vingt mille personnes. Selon leur perspective, ils ont du succès. Ils ne veulent pas vraiment connaître notre façon de faire. Alors, qu'il en soit ainsi, conclut-il en haussant les épaules !

Joe approuva silencieusement. Il devinait que Jacques était quelque peu ennuyé par la soirée. Ce n'était pas relié à un besoin de validation, mais au fait que les gens qui auraient eu besoin d'écouter ne l'ont pas fait. Et beaucoup de personnes en souffriront.

– Vous vous souvenez, durant la période de questions, à la fin des présentations, du petit groupe de jeunes cadres qui parlaient

Chapitre 67

d'une compagnie qui avait des problèmes de recrutement ? demanda Jacques. Ils n'ont pas nommé la compagnie, mais je sais de qui ils parlaient. Cette entreprise est reconnue, dans notre industrie, pour sa façon peu respectueuse de traiter ses employés.

» En fait, les dirigeants de cette compagnie ne montrent aucun respect envers les gens qui travaillent pour eux. Les gens sont considérés comme des biens dont on peut se débarrasser à sa guise. Ils les changent de division ou leur demandent de déménager avec leur famille. Ils traitent leurs employés comme des pions sur un échiquier.

— Qu'avez-vous pensé du gars de l'industrie du camionnage ? demanda Joe.

— Vous parlez de celui qui ne cessait de répéter que si ses employées féminines, aux États-Unis, connaissaient les avantages reliés à la maternité ici, au Canada, elles en seraient jalouses ? Il a dit que les employées canadiennes devraient être plus "reconnaissantes". Il n'a rien compris. Il place le débat dans une guerre entre l'employé et l'employeur. "Les gens sont déjà gâtés, ils devraient être reconnaissants !"

Jacques secoua la tête.

— Il n'a vraiment rien compris, reprit-il.

— Par contre, les jeunes cadres prometteurs ont sûrement saisi le message, remarqua Joe. Je ne les ai pas comptés, mais il me semble qu'ils sont tous venus à votre rencontre par la suite pour vous dire qu'ils étaient d'accord avec la teneur de votre présentation.

— Alors, j'espère qu'ils trouveront des *leaders* et des organisations qui sauront bien les traiter.

À un feu de circulation, la sonnerie du téléphone de Jacques se fit entendre. Il jeta un œil vers son cellulaire en souriant.

— Sur un sujet plus heureux, l'équipe OPSCOM m'a écrit un peu plus tôt dans la soirée pour me dire que nous devrions ouvrir nos courriels.

— Attendez, dit Joe. Je vais les regarder pendant que vous conduisez.

Joe prit son téléphone et téléchargea ses courriels. Rapidement, il sélectionna celui de l'OPSCOM et le parcourut.

Joe sourit.

— Ils n'ont pas chômé après notre départ.

En plus de l'idée de créer un musée, à la fois réel et virtuel, pour rendre hommage aux clients individuellement, l'équipe avait trouvé quelques idées géniales pour relier les clients à l'impact de leur collaboration. L'une d'elles proposait d'écrire de très brefs, mais percutants exemples qui pourraient être ajoutés sous la signature des gens chez DLGL.

— C'est l'idée des commentaires sous la signature, dit Joe. En voici quelques-uns :

- *FGL Sports, plus grand détaillant d'articles de sport au Canada et client de DLGL depuis plus de 20 ans, a choisi d'étendre son utilisation du VIP aux 23 magasins récemment acquis.*

- *Plus de 15 ans de collaboration! La Banque Laurentienne (BLC), qui emploie 4 500 personnes, a choisi DLGL et son VIP pour son recrutement en ligne de Taleo. « DLGL est un excellent partenaire sur qui nous pouvons compter », mentionne le vice-président directeur des affaires générales et des ressources humaines de la BLC.*

Chapitre 67

> ❖ *De nouveaux outils disponibles pour 9 000 employés de Regina Qu'Appelle Health Region! « Les modules Gestion du personnel talentueux, Gestion de l'information et Planification de carrière du logiciel VIP sont ultrarapides. Moins coûteux que prévu. »*

— C'est vraiment bien, dit Joe en faisant dérouler ses autres courriels à l'écran. Non seulement l'équipe a créé le texte, mais elle l'a programmé pour qu'il apparaisse sous chaque signature. En cliquant sur le lien, vous êtes redirigé vers le site de DLGL et vous obtenez plus d'informations sur chacun des projets.

— C'est un très bon début, dit Jacques. Bâtir l'amour, n'est-ce pas, Joe?

— Bâtir l'amour, reprit Joe en souriant.

Joe était sur le point de ranger son téléphone lorsqu'il remarqua un courriel venant de Kerry Dobsin. L'objet disait : « Peux-tu nous aider ? »

Joe hésita un moment puis ouvrit le courriel.

Chapitre 68

Tandis que Joe lisait le courriel de Kerry Dobsin, Jacques jeta un coup d'œil à l'écran du téléphone de Joe. Il avait perçu le changement d'attitude de Joe.

— Ça va ?

Joe hésita, signifia à Jacques que tout allait bien et remisa son téléphone.

— C'est un message du conseil d'administration de Derale Enterprises. On me demande d'être le présentateur de l'un de nos forums sur le *leadership* qui aura lieu dans deux semaines.

— Et alors ?

— Eh bien, en un sens, ce n'est pas surprenant. C'est ce que je fais tout le temps. Par contre, cette fois, j'ai l'impression qu'il y a une autre chose reliée à cette demande. Il y a probablement une demi-douzaine de personnes déjà sur place qui pourraient facilement s'acquitter de la présentation. Pourtant, c'est à moi qu'on demande de le faire.

— Pourquoi, selon vous ?

Chapitre 68

— Je pense que c'est une sorte de test majeur. On veut une réponse au sujet de la situation dont je vous ai parlé déjà, celle du remplacement de Thomas.

Joe réfléchit un instant.

— Je crois qu'on veut s'assurer que je suis…

Joe hésita.

— … normal ? compléta Jacques.

— Ouais… normal, reprit Joe.

— Avez-vous déjà été normal ? demanda Jacques en souriant.

Joe sourit à son tour. C'était exactement le genre de commentaire qu'aurait émis Thomas. Et probablement le même genre d'échange qu'auraient eu Claude et Jacques.

— Jamais, répondit Joe.

Jacques éclata de rire.

— Que ferez-vous ? demanda-t-il.

Joe réfléchit un instant.

— Je l'ignore.

Les deux hommes restèrent silencieux pendant quelques minutes.

— Vous savez, Joe, l'une des plus importantes choses que j'ai apprises sur le *leadership*, c'est que je n'ai pas toujours besoin de « savoir ».

— Que voulez-vous dire ?

— Plus jeune, je croyais que le *leader* était celui qui savait tout. C'est ce qui faisait d'une personne un *leader*. J'ai commencé à jouer au hockey lorsque j'avais quatre ans. Quand vous êtes un enfant qui joue au hockey, l'instructeur est le *leader*. C'est lui qui vous donne les instructions et vous enseigne les rudiments du sport. Alors, vous grandissez en croyant que le *leader* est celui qui sait tout.

» Mais, ce n'est pas vrai. Et je suis convaincu que si vous repensez aux grands *leaders* que vous avez connus, vous le remarquerez, vous aussi. Les plus grands *leaders*, ceux qui ont le plus de succès, sont ceux qui savent qu'ils n'ont pas à tout savoir. Ils savent aussi qu'ils ne peuvent être la personne qui fait tout.

» Ils n'ont qu'à faire leur travail et à permettre aux gens autour d'en faire autant. C'est ainsi que l'on connaît du succès en tant que *leader*.

Les deux hommes restèrent silencieux pendant quelques instants, puis Jacques y alla d'un dernier commentaire.

— Mon opinion vaut ce qu'elle vaut, Joe, mais je crois que si vous décidez d'accepter ce boulot, vous accomplirez un travail formidable. Si vous vous libérez de la pression que vous vous imposez et que vous vous concentrez sur le fait de bien jouer le rôle qui vous revient et sur celui de laisser les autres jouer le leur, vous aurez un plaisir fou dans ce boulot.

Chapitre 69

Joe se tenait en retrait sur le côté de la scène. De sa place, il pouvait observer la foule sans être vu. La salle était pleine. Il reconnut quelques personnes. Des dirigeants de différentes compagnies du groupe Derale Enterprises, des clients, des fournisseurs, des partenaires.

Il entendait la musique diffusée dans la salle… Un mélange de chansons dynamisantes et inspirantes. Joe les connaissait bien. Il les avait sélectionnées quelques années auparavant et les utilisait depuis comme introduction lors d'évènements où il prenait la parole.

Il entendit soudain du bruit derrière lui et il se retourna.

— Bonjour, Joe.

— Bonjour, Maggie.

Ils s'enlacèrent pendant quelques secondes.

— Prêt ? demanda Maggie après l'étreinte.

— Prêt ! répondit Joe.

Maggie jeta un coup d'œil à l'assistance.

— Il y a un invité "spécial" pour vous, aujourd'hui, dit-elle. Troisième rangée, près du centre.

Joe scruta l'assistance. Il ne lui fallut qu'une minute pour découvrir de qui parlait Maggie. Il s'agissait de Jacques. Il discutait avec la personne assise près de lui. Revoir Jacques accrocha un large sourire au visage de Joe.

— Il m'a téléphoné et m'a demandé s'il pouvait venir, expliqua Maggie. J'ai pensé que tu n'y verrais pas d'objection.

— Pas du tout, confirma Joe.

Un silence s'installa, puis Maggie reprit la parole en fixant Joe dans les yeux.

— Merci, Joe, pour les mots que tu m'as fait parvenir, ceux au sujet des lumières qui brillent et d'autres choses encore. Ça voulait dire beaucoup pour moi.

Joe balança doucement la tête.

— De rien, Maggie !

Elle s'étira et l'étreignit de nouveau avant de l'embrasser sur la joue.

— Amuse-toi sur la scène, lui dit-elle en se retirant. Nous sommes là pour t'encourager.

— Merci, dit Joe en lui souriant.

Une fois Maggie partie, Joe regarda de nouveau vers l'assistance. Puis, un coup d'œil à sa montre lui confirma que le temps était venu pour lui d'entrer en scène.

Chapitre 69

Quelques instants après, les lumières de l'auditorium se tamisèrent. Deux projecteurs s'allumèrent et illuminèrent la scène. La musique se tut graduellement. Joe prit une profonde respiration, expira et s'avança dans la lumière.

Durant les trente premières minutes de sa présentation, Joe partagea le matériel qu'il connaissait fort bien depuis longtemps déjà : le concept du jour de musée, un survol des cinq grands rêves de vie et de comment cette idée est utilisée chez Derale Enterprises, quelques exemples pratiques…

Puis, Joe marqua une pause tout en promenant son regard sur l'assistance.

— Mesdames et messieurs, comme vous le savez, le but des évènements comme celui-ci est de partager avec vous ce que nous avons appris des *leaders*, comme vous, que nous avons interviewés. Ces individus font une différence dans la vie des gens avec qui ils travaillent et ils connaissent du succès.

»J'aimerais prendre les trente prochaines minutes pour vous offrir un aperçu de l'incroyable compagnie où j'ai eu le privilège de passer les dernières semaines et de son tout aussi incroyable *leader*.

Joe aborda ainsi les moments forts de son expérience chez DLGL. Il fournit des exemples, raconta des histoires, fit des liens avec des aspects spécifiques dont pourraient profiter les *leaders* de l'assistance.

Ce fut une magnifique présentation. Concise, claire, inspirante, utile. La foule l'a adorée.

Assise près de Jacques, dans la troisième rangée, Maggie observait Joe. Comme elle l'avait fait deux mois auparavant, elle cherchait à déceler quelque chose de particulier. Il était un bon présentateur, ça, c'était évident. Elle cherchait, au-delà des évidences, quelque chose de plus profond. Une indication qui lui dirait si Joe allait bien ou non.

Joe compléta sa présentation et la foule l'acclama par des applaudissements bien nourris. Joe attendit quelques instants puis s'adressa de nouveau à la foule.

— Nous avons le temps pour trois questions, annonça-t-il. Quelqu'un désire en poser une ?

Aussitôt, des mains se levèrent. Joe désigna l'une d'elles. La personne demanda comment une compagnie pouvait trouver sa raison d'être et ses cinq grands rêves de vie. Joe expliqua le processus qu'il suggérait et mentionna le nom d'une personne-ressource chez Derale Enterprises qui pourrait fournir plus d'informations.

— Une autre question ?

De nouveau, les mains se levèrent. Joe pointa une femme assise au fond de la salle. Elle posa une question au sujet du PEC utilisé chez DLGL.

Lorsque Joe eut fini de lui répondre, il jeta un coup d'œil à sa montre.

— Nous avons le temps pour une dernière question.

Il scruta l'auditoire. Plusieurs mains étaient levées. Il arrêta son choix sur un homme vers l'arrière.

Il fallut quelques minutes pour fournir un microphone à l'homme. Puis, il prit la parole.

— Joe, mon interrogation est à propos de Thomas Derale.

Chapitre 69

Instinctivement, Maggie agrippa le bras de Jacques et le serra. Au même moment, la dernière fois, tout avait basculé. La présentation avait été très réussie, les questions n'avaient posé aucun problème, mais lorsque quelqu'un avait prononcé le nom de Thomas, Joe avait été visiblement troublé.

— Qui le remplacera et quand le remplaçant sera-t-il connu ? continua l'homme.

Sur la scène, Joe eut l'impression que le temps avait ralenti puis qu'il s'était arrêté. Il avait entendu la question. Il sentait son esprit l'analyser. Puis, il lui sembla entrer dans un état de vide.

Tout devint silencieux. Personne ne bougeait. On aurait dit que la foule disparaissait devant lui. Il sentit la noirceur vouloir l'envahir, cette même sensation qu'il avait si souvent ressentie et qui engourdissait ses pensées et ses émotions depuis la mort de Thomas.

Chapitre 70

Debout, sur la scène, sous les projecteurs, absorbé dans un coin reclus de son esprit, Joe vit des images apparaître : celles de ses conversations avec Jacques au cours des dernières semaines. Son esprit recherchait une séquence particulière.

Pendant ce qu'il lui sembla être une éternité, son esprit ne fit rien d'autre que chercher. Juste au moment où Joe commençait à ressentir la panique l'envahir, le lien se fit.

Il se souvint de la conversation durant laquelle Jacques lui avait expliqué de choisir un souvenir précis, son souvenir préféré par rapport à Thomas, et de rediriger son esprit vers ce souvenir chaque fois que la noirceur le menaçait.

Soudain, Joe se retrouva sur le quai d'une gare. Thomas s'y trouvait aussi, posant à Joe la plus simple, mais aussi la plus profonde des questions : « N'est-ce pas une matinée d'une belle journée de musée ? »

Joe voyait toute la scène se dérouler dans son esprit, comme si elle s'était passée la veille. Tout était si clair et précis. Puis, des milliers d'autres souvenirs lui revinrent en mémoire, tous reliés à de merveilleux moments avec Thomas.

— Joe ?

Chapitre 70

Joe cligna des yeux.

— Joe ?

Il prit une lente respiration et laissa l'air emplir ses poumons. La salle redevenait graduellement réelle. Il pouvait entendre les sons et voir l'assistance.

Il regarda l'homme qui venait de lui poser la question au sujet du remplacement de Thomas et qui avait répété son nom à deux reprises.

— C'est une excellente question, dit Joe. La question parfaite pour clore cette présentation.

Joe marqua une pause et promena son regard sur l'assistance. Il respira une nouvelle fois, lentement, doucement, tout en s'avançant au centre de la scène, le plus près possible des gens dans la salle.

— Dans la vie, soit nous regardons en arrière, soit nous demeurons immobiles, soit nous allons de l'avant, commença-t-il sur un ton serein. Il y a un temps pour chacun de ces trois mouvements. Il y a des moments où il est justifié de regarder derrière et de tirer des leçons de ce qui n'a pas tourné comme nous le voulions et d'autres moments où se replonger dans le passé nous nourrit de ce qui a bien fonctionné dans le passé.

» Il y a des temps où demeurer immobiles est compréhensible. Demeurer silencieux, contempler, retrouver notre centre et la clarté de notre vision.

» Le reste du temps, il s'agit d'aller de l'avant. Non pas par obligation, mais parce que nous le voulons vraiment. Nous voulons gravir la courbe ascendante de la vie dont nous parlons souvent entre nous.

Joe fit une pause et porta son regard vers le sol. Au bout d'un moment, il le releva et reprit la parole.

— Comme plusieurs d'entre vous le savent, j'ai eu de la difficulté à aller de l'avant depuis la mort de Thomas Derale, le fondateur de Derale Enterprises. Thomas était mon mentor, celui qui m'a aidé à voir le potentiel infini de la vie. Celui qui m'a tout appris sur l'art du *leadership*. Celui qui était aussi mon meilleur ami au monde.

» Lorsqu'il est décédé, il y a neuf mois maintenant, j'ai eu l'impression qu'une partie de moi était morte avec lui. J'ai perdu ma voie. J'ai cessé d'aller de l'avant.

Le silence complet régnait dans l'auditorium. Tous les yeux étaient tournés vers Joe, toutes les oreilles étaient tendues vers ses prochaines paroles.

— Ce soir, je vous ai donné un aperçu de ce que j'ai appris auprès de Jacques Guénette et de son équipe, chez DLGL. Ce que je ne vous ai pas dit, c'est que, quelques années auparavant, Jacques traversa la même épreuve que moi, alors que son meilleur ami et partenaire d'affaires mourut beaucoup trop jeune, tout comme Thomas.

» Le temps passé auprès de Jacques, et des autres merveilleuses personnes chez DLGL, m'a permis de comprendre certaines choses et, surtout, de retrouver une vision de la vie que j'avais perdue depuis la mort de Thomas, une vision qu'il m'avait lui-même inspirée, mais que j'avais oubliée depuis des mois.

Joe désigna Jacques d'un signe de tête.

— C'est un cadeau duquel je serai éternellement reconnaissant.

Chapitre 70

De nouveau, il fit une pause en regardant l'auditoire.

— Je me suis rappelé que la vie, ce n'est pas nous agripper à ce que nous possédons et demeurer immobiles. La vie, c'est avancer, vivre nos cinq grands rêves de vie, combler notre existence de tous ces moments qui créent nos journées de musée, relever des défis, même si nous ne sommes pas certains d'être prêts et gravir ainsi notre courbe de vie ascendante.

» Cela exige de lâcher prise. Lâcher prise quant au besoin d'être parfait, car rien n'est parfait. Les choses tournent mal, parfois, les gens de notre équipe peuvent se tromper, et nous-mêmes, en tant que *leaders*, nous errons, parfois. C'est la vie.

» Cela signifie aussi lâcher prise quant à nos propres doutes. Ça va de pair avec lâcher prise quant au besoin d'être parfait. Si nous avons peur d'agir et que nous attendons d'être sûrs que tout sera parfait, nous n'agirons jamais.

Joe regarda vers l'homme qui lui avait posé la question.

— Peu importe qui remplira les fonctions de Thomas, personne ne le remplacera, c'est impossible. Il a fondé cette compagnie, il en a bâti la culture. Il a pratiquement créé tout ce dont nous parlons au sujet du *leadership*.

» Mais, celui qui acceptera son poste apportera avec lui tout ce que Thomas lui a appris et le meilleur de lui-même. Il s'acquittera de ce qui lui revient et ce sera suffisant.

» Au cours des dernières semaines, tandis que je retrouvais le désir d'avancer dans ma vie, un sentiment intense m'a enveloppé, accompagné d'une petite phrase empruntée à un bon ami, dit Joe en souriant.

» J'ai le profond sentiment que nous avons devant nous d'incroyables moments passionnants pour nous tous qui faisons partie de Derale Enterprises, employés, clients ou fournisseurs. Pour nous tous.

Joe sourit en balançant doucement la tête.

— Des moments passionnants ! répéta-t-il.

Épilogue

Après avoir fait ses au revoir à la fin de la soirée, Jacques prit un vol de retour vers Montréal.

En arrivant à la maison, il gara sa voiture dans l'entrée de sa demeure et rentra chez lui.

Sa femme, Diane, était à la cuisine. En l'entendant entrer, elle le retrouva et l'accueillit en l'étreignant et en l'embrassant.

— Comment était la présentation ? lui demanda-t-elle.

Jacques serra sa femme contre lui un peu plus intensément qu'à l'habitude.

— C'était bien. Joe s'en sortira, et même très bien, répondit-il en souriant.

Diane mit tendrement sa main sur la joue de Jacques. Après toutes ces années, elle le connaissait bien. Elle savait qu'il était fier de ce qui s'était passé durant les dernières semaines. Il était fier de lui. Elle lui sourit.

— Je vais te préparer quelque chose, lui dit-elle en retournant vers la cuisine.

Jacques déposa ses affaires dans son bureau et sortit dans la cour arrière. L'après-midi était splendide. L'air était vif et pur. Le soleil commençait à descendre à l'horizon. Jacques marcha jusqu'au petit banc en fer forgé, près de la rivière, et s'y laissa choir. Il resta silencieux pendant un moment. Il vivait simplement le moment présent, appréciant l'air frais, l'odeur des feuilles et la sensation du vent sur son visage.

— Tu m'as manqué aujourd'hui, Claude, finit-il par dire. Tu aurais aimé ce qui est arrivé.

Il retourna dans le silence quelques instants.

— Et tu devrais chercher quelqu'un là-haut. Un gars, Thomas Derale. Il nous a quittés il y a environ un an. Ça semble être le genre de type avec qui tu aimerais passer du temps.

Jacques observa le mouvement des vagues à la surface de la rivière.

— Ah, aussi... Gratte Choco derrière les oreilles pour moi, veux-tu ? Dis-lui qu'il me manque.

Après quelques minutes en silence, Jacques tapota le siège vide près de lui et se leva.

— Des moments passionnants, mon ami, dit-il. Des moments passionnants.

Merci d'avoir lu ce livre.

Plusieurs options s'offrent à vous pour poursuivre l'aventure.

Apprenez-en plus sur DLGL en visitant le www.dlgl.com.

Trouvez vos cinq grands rêves de vie en assistant
à l'un de nos cours.

Obtenez de l'aide pour identifier la raison d'être et les
cinq grands rêves de vie de votre organisation.

Invitez l'auteur, John P. Strelecky, à donner une conférence
dans votre région ou votre compagnie.

Pour plus d'informations au sujet de ces options, rendez-vous au
www.johnpstrelecky.com.

Au sujet de l'auteur

John P. Strelecky est l'auteur de nombreux livres à succès, dont *Le Why Café*, *Les 5 Grands Rêves de Vie* et, son plus récent, *Les 5 Grands Rêves de Vie – La suite*. Il est aussi le créateur du concept des cinq grands rêves de vie. Ses livres sont traduits dans 25 langues.

Depuis leur parution, ses livres portant sur les cinq grands rêves de vie ont inspiré des individus et des *leaders* à travers le monde. Ils ont été distribués aux employés de centaines de compagnies, dont IBM, American Express, Boeing, Estee Lauder. Ils ont aussi été inscrits comme *lectures* obligatoires dans des programmes universitaires sur le *leadership* de différents pays.

Répondant à plusieurs demandes touchantes des lecteurs, John s'est retiré pendant un an pour concevoir un programme « étape par étape » afin de permettre aux gens de découvrir leurs cinq grands rêves de vie. Des milliers d'individus, partout dans le monde, ont depuis fait l'expérience de ce processus transformateur.

Après avoir reçu des demandes similaires de *leaders* qui souhaitaient préciser la raison d'être et les cinq grands rêves de vie de leur organisation, John adapta sa méthode étape par étape au monde des affaires. Depuis, son programme a été suivi avec succès par des *leaders* de compagnies de tailles variées et œuvrant dans différentes sphères commerciales.

Ses efforts lui ont permis d'être reconnu, aux côtés d'Oprah Winfrey, de Tony Robbins, de Stephen R. Covey et de Wayne Dyer, comme l'une des cent personnalités les plus influentes dans le domaine du *leadership* et du développement personnel.

Lorsqu'il n'écrit pas ou qu'il ne donne pas de conférence, John passe le plus clair de son temps à voyager avec sa famille. Leurs aventures du style « sac à dos » leur ont fait parcourir plus de mille deux cents kilomètres, soit presque trois fois la circonférence de la Terre.

Des informations supplémentaires au sujet de John ou des programmes et services qu'il offre sont disponibles au :

www.johnpstrelecky.com
(en anglais seulement).

MARQUIS

Québec, Canada

RECYCLÉ
Papier fait à partir
de matériaux recyclés
FSC® C103567

Imprimé sur du papier Enviro 100% postconsommation
traité sans chlore, accrédité ÉcoLogo et fait à partir de biogaz.